Émile de Laveleye

Les Crises commerciales et monétaires

essai

ISBN : 978-1517305895

10 9 8 7 6 5 4 3 2 1

Émile de Laveleye

Les Crises commerciales et monétaires

essai

Table de Matières

Le *money-market* en Angleterre depuis cinquante ans.   6

La fuite de l'argent et la hausse de l'escompte   37

Le *money-market* en Angleterre depuis cinquante ans.

Depuis la fin du siècle dernier, il se produit de temps en temps dans l'ordre économique un phénomène nouveau et redoutable, qui a donné lieu en Angleterre à des débats approfondis dès l'origine, mais qui, jusqu'à ces dernières années, n'avait pas provoqué d'études spéciales de la part des théoriciens du continent, sans doute parce que de ce côté-ci du détroit on avait eu beaucoup moins à souffrir du fléau. Je veux parler des crises monétaires et commerciales. Ces crises sont les tempêtes du monde des affaires. Elles font penser à ces ouragans terribles, à ces cyclones qui, dans les régions tropicales, se déchaînent à l'improviste, arrachant les arbres, brisant les navires, abattant les maisons, et semant de débris la terre et les eaux. Semblables à ces terribles convulsions des élémens, les crises exercent leurs ravages dans la sphère des échanges ; elles renversent les maisons de commerce les mieux assises, elles jettent à bas les banques les plus solides, elles appauvrissent les riches, tuent les pauvres, et couvrent le sol de ruines. Les tempêtes du monde financier et celles du monde physique naissent et se propagent à peu près de la même manière. À la suite d'une série de beaux jours, la terre s'échauffe, l'atmosphère se charge d'électricité, les forces de la nature se tendent comme pour la lutte ; bientôt le ciel se couvre, l'orage se prépare, approche et se déchaîne enfin, ravageant des contrées entières dans son vol destructeur. Ainsi dans le domaine économique vient d'abord une période où tout favorise les entreprises les plus diverses ; la confiance est illimitée, l'or coule à flots ; les fonds publics, les valeurs haussent de prix ; l'intérêt baisse ; l'aisance, la prospérité pénètrent partout. Soudain un point noir paraît dans le ciel serein, la nuée sombre grandit, s'étend et menace ; la défiance se propage, le crédit se resserre, les bourses se ferment, l'argent disparaît, enfin la crise éclate, et passe d'un pays à l'autre, laissant partout des traces désastreuses de son passage.

L'étude purement théorique de ces grands bouleversemens économiques offrirait déjà un très vif intérêt ; mais ils commandent l'attention à un titre plus pressant, car ils atteignent et frappent plus ou moins toutes les classes de la société : les industries, pour qui les débouchés se ferment ; l'agriculture, qui vend mal

Émile de Laveleye

ses produits ; les grandes compagnies, dont le chiffre d'affaires se restreint ; les spéculateurs, qui voient avec effroi s'affaisser les meilleures valeurs ; les artistes, que la commande délaisse ; les plus puissans états même, dont les impôts rendent moins, et jusqu'à l'humble ouvrière, qui s'aperçoit que l'argent devient rare sans qu'elle puisse deviner la raison de cette gène dont chacun se plaint. Jadis les crises locales demeuraient circonscrites dans un cercle étroit ; aujourd'hui celles même qui sont produites par des causes locales ne tardent point à se généraliser. Les relations des peuples entre eux sont devenues si fréquentes, si intimes, que si, dans la circulation des valeurs qui enserre le globe entier de ses mille réseaux, il se produit quelque engorgement, quelque embarras, aussitôt le coup se répercute, et dans certaines circonstances donne naissance à une crise universelle. Il devient donc de plus en plus urgent d'étudier de près les lois qui président au développement de ces terribles phénomènes, afin d'arriver à connaître les causes qui les occasionnent et les symptômes qui les annoncent. Par l'examen persévérant des faits, les sciences naturelles ont réussi à découvrir la marche des grands courans qui sillonnent la profondeur des océans et la direction habituelle des vents qui soufflent à leur surface. Le baromètre et le télégraphe électrique leur permettent d'annoncer quelque temps à l'avance l'approche des ouragans, et le navigateur prudent, dûment averti, cargue ses voiles, reste au port, s'affermit sur ses ancres, et échappe ainsi au naufrage. Il serait désirable que la science économique pût rendre le même service à tous ceux qui s'occupent de la production ou de l'échange. Si elle parvenait à déterminer aussi les signes précurseurs des tourmentes financières, ceux qui sont engagés dans des transactions commerciales ou industrielles prendraient leurs précautions, et éviteraient souvent bien des pertes, bien des désastres.

Sans négliger les faits que nous offrent la France, les États-Unis et l'Allemagne » nous étudierons les crises monétaires principalement en Angleterre, parce que c'est là qu'elles se manifestent avec le plus d'intensité et de régularité. Grâce aux documens officiels, aux enquêtes parlementaire et aux recherches des hommes spéciaux, c'est là encore qu'on peut le mieux en saisir les caractères distinctifs. Nous tracerons d'abord l'historique des crises principales ; nous essaierons plus tard de découvrir la loi qui préside à la naissance

Le money-market en Angleterre depuis cinquante ans.

et au développement du phénomène, en cherchant à tirer de cette étude les enseignemens qu'elle peut offrir pour la pratique aussi bien que pour la théorie.

I

Quand on aborde l'examen des crises commerciales en Angleterre, il est un fait qui frappe aussitôt, c'est le retour régulier et presque périodique de ces désastreuses perturbations. Les crises sérieuses ont éclaté en 1810, 1815, 1818, 1825, 1837, 1847, 1857, revenant ainsi au moins une fois tous les dix ans. Nous ne dirons que quelques mots des trois premières crises, celles de 1810, 1815 et 1818, parce qu'elles se produisirent sous l'empire de circonstances très particulières, et notamment sous le régime d'un papier-monnaie à cours forcé. Nous y reconnaîtrons néanmoins sans peine les caractères essentiels du phénomène que nous avons à étudier. Dès le début de cette lutte gigantesque que l'Angleterre soutint pendant vingt-deux ans contre la France, en 1797 déjà, le parlement avait autorisé la Banque à suspendre le remboursement de ses billets. Comme cet établissement eut la sagesse de limiter ses émissions, — jusqu'en 1810 elles flottèrent entre 15 et 17 millions de livres sterling, — la valeur de ses *banknotes* se soutint et se releva souvent au niveau de l'or après une dépréciation momentanée. On ne peut point dire que cette circulation toute fiduciaire ait arrêté les progrès de la richesse publique, car celle-ci prit un si prodigieux essor, grâce à l'emploi de la vapeur et des machines nouvelles, que l'Angleterre put faire face à des dépenses de guerre, couvertes par l'impôt et l'emprunt, qu'on estime à 45 milliards de francs. Ce n'est point non plus le billet de banque à cours forcé qui produisit la crise de 1810 ; elle fut amenée par certaines causes que nous retrouverons dans toutes celles qui suivirent.

L'affranchissement des colonies espagnoles et portugaises à la suite de l'invasion de l'Espagne par les armées françaises semblait devoir ouvrir un marché illimité au commerce anglais. Celui-ci aussitôt inonda l'Amérique du Sud de produits de tout genre avec un empressement désordonné qui a fait époque dans les annales des exportations britanniques. En quelques semaines, on importa plus de marchandises à Rio-Janeiro et à Buenos-Ayres qu'on n'en avait demandé dans l'espace de vingt ans. On alla jusqu'à envoyer une cargaison de patins à des pays qui ignoraient ce que c'est que la neige et la glace, et la colonie de Sydney reçut assez de sel d'Epsom pour faire purger tous les habitans pendant cinquante ans une fois par semaine. En même temps que le commerce se livrait à ces spéculations peu réfléchies, un grand nombre de sociétés par actions se fondaient. — Une liste insérée dans le *Monthly Magazine*du 12 janvier 1808 en indique quarante-deux, — chiffre considérable pour l'époque, — et de 1808 à 1810 le nombre des *country-banks* s'éleva de six cents à sept cent vingt. Tandis que d'un côté ce développement rapide du commerce et de l'industrie absorbait les capitaux, de l'autre les subventions aux puissances continentales et les importations extraordinaires de blé, de coton, de laine, de soie, etc.,[1] qu'il fallait payer aussitôt, enlevèrent l'or qui restait dans la circulation, et ainsi l'intermédiaire des échanges devenait plus rare au moment même où on en avait le plus grand besoin. La réserve métallique de la Banque tomba de 6 millions de livres sterling à 3 millions ; mais comme elle n'était pas tenue au remboursement, elle porta sa circulation en billets de 17 à 24 millions. Néanmoins le crédit se contracta, la défiance entrava le cours régulier des affaires, et les banqueroutes éclatèrent. Les négocians qui avaient fait des expéditions mal entendues vers l'Amérique furent les premiers frappés. Bientôt un grand nombre de maisons très solides furent entraînées. Un journal financier de l'époque assure que la moitié des commerçans suspendirent leurs paiemens, et beaucoup de *country-banks* en firent autant. Le 11 avril 1811, le parlement décida qu'on ferait une avance de 6 millions sterling, en bons de l'Échiquier, aux négocians qui en seraient dignes ; mais déjà le fort de la crise était passé, et le succès des armées anglaises en Espagne comme l'ouverture du marché russe amenèrent une nouvelle période de prospérité.

Les crises de 1815 et 1818 furent moins graves. Celle de 1815 fut produite surtout par un excès de spéculation, auquel avaient donné lieu les espérances exagérées basées sur le retour de la paix.

1 Les importations de céréales et les subventions aux puissances du continent absorbèrent seules en 1810 plus d'un demi-milliard de francs. Le froment avait atteint le prix de famine de 118 shillings le *quarter*. Les importations comparées de 1808 et de 1810 s'élevèrent pour le coton de 43 millions de livres à 130 millions, pour la laine de 2 à 10 millions, pour la soie de 637,102 à 1,342,475.

Le money-market en Angleterre depuis cinquante ans.

Cette fois les banques locales furent les principales victimes ; deux cent quarante d'entre elles succombèrent. 1816 fut encore une année difficile, mais l'année 1817 s'ouvrit sous les plus favorables auspices. Les affaires reprirent leur essor, la confiance reparut ; l'or était abondant, et la réserve métallique de la Banque s'éleva à 11,668,260 liv. sterl., chiffre énorme qui n'avait jamais été atteint, et qui permit même de reprendre momentanément les paiemens en espèces. Malheureusement cette situation favorable ne dura pas longtemps. L'abondance de l'argent en Angleterre y avait naturellement fait baisser le taux de l'intérêt. Les emprunts émis par la France, l'Autriche et la Russie offraient au contraire des placemens très avantageux, qui séduisirent les capitalistes anglais. Pendant l'automne de 1817 et durant toute l'année 1818, il se fit de grandes importations de céréales et d'autres marchandises à des prix élevés.[1] Il en résulta la nécessité de faire à l'étranger de fortes remises. Le change devint défavorable, et comme conséquence inévitable l'or s'écoula rapidement. La réserve métallique de la Banque, qui dépassait. Il millions de livres sterling au 31 août 1817, tomba à 8 millions en mai, à 6 en avril et à 5 en novembre. Les suites ordinaires d'une diminution dans la quantité des instrumens de l'échange ne tardèrent point à se déclarer : contraction du crédit, avilissement de toutes les valeurs, pertes sur les marchandises importées, faillites, crise. La Banque avait dû suspendre ses remboursemens en argent, tout volontaires du reste. Quand la situation se fut de nouveau détendue en 1819, le parlement, sous l'inspiration de Robert Peel, vota le bill pour la reprise des paiemens en espèces, qui eut lieu effectivement en mai 1821, quand la réserve métallique atteignit le chiffre, inouï jusqu'alors, de 11,900,000 livres sterling.

Après ce coup d'œil rapide jeté sur les crises relativement peu graves de 1810, 1815 et 1818, nous allons maintenant étudier de plus près celle de 1825, qui nous offrira des caractères presque semblables, mais sur une plus large échelle. Le souvenir de cette grande convulsion économique s'est conservé en Angleterre comme celui du tremblement de terre de Lisbonne en Portugal ou des éruptions du Vésuve à Naples, et ceux qui y ont assisté

---

1 Le chiffre des importations pour la consommation intérieure monta de 11,306,934 livres sterling en 1816 à 23,010,773 en 1818.

Émile de Laveleye

n'en parlent encore qu'en frémissant. Les romans mêmes font intervenir les catastrophes de la terrible année dans la trame de leurs fictions.[1] Le grand incendie de Londres ne laissa pas après lui une plus profonde impression. À partir de 1822 s'ouvrit une ère de prospérité sans exemple. Le commerce et l'industrie prirent un prodigieux essor. La consommation des filatures de coton s'éleva en peu d'années de 250,000 à 1 million de balles. L'argent était si abondant que la réserve métallique de la Banque se maintint presque constamment, en 1823 et 1824, aux environs de 12 millions de livres sterling. Le gouvernement profita de cette situation favorable du marché monétaire pour convertir successivement les anciens emprunts 5 pour 100 en 4 1/2 et le 4 pour 100 en 3 1/2. Les consolidés 3 pour 100 suivaient une marche ascendante continue. En avril 1823, ils étaient à 73, en octobre à 83, en janvier 1824 à 86, et en novembre ils avaient atteint le taux inouï de 96. Il y avait surabondance, pléthore du capital, qui avait cessé de trouver dans le pays un placement rémunérateur. C'est alors qu'on commença de jeter les yeux au dehors pour chercher un emploi plus avantageux. Les emprunts des états européens contractés dans les années précédentes avaient donné de beaux revenus et des bénéfices considérables par suite de la hausse de toutes les valeurs. Séduits par ces résultats brillans, les capitalistes se montrèrent disposés à prêter leur argent à tous les états besoigneux des deux mondes. Les jeunes républiques de l'Amérique du Sud, nouvellement reconnues, se jetèrent avec avidité sur ces trésors inépuisables qui leur arrivaient des sombres pays du fer et du charbon. De 1821 à 1824, l'Angleterre souscrivit à des emprunts étrangers pour un capital de 48,480,000 livres sterling, soit 1 milliard 200 millions de francs. Sur la liste, nous voyons figurer le Mexique pour 6,400,000 livres sterling, la Colombie pour 6,700,000, le Chili pour 1,000,000, Buenos-Ayres pour 1,000,000, Guatemala pour 1,400,000, le Pérou pour 1,300,000, Guadalaxara pour 600,000. Nul état, si inconnu, si dépourvu fût-il, ne frappait en vain à la porte du grand banquier

---

1 Dans un roman intitulé *A Gentleman*, qui a obtenu naguère un légitime succès en Angleterre, la physionomie de la crise de 1825 est admirablement décrite. La détresse des industriels, la misère des ouvriers, les *riots*, les émeutes, les *runs* sur les banques, tout cela est peint sur le vif. Le héros, John Halifax, sauve la banque locale en y apportant un sac rempli d'or au moment où la Coule réclame le remboursement.

Le money-market en Angleterre depuis cinquante ans.

de l'univers.

Ces larges écoulemens ne semblaient toutefois pas suffire à absorber le flot montant de la richesse nationale. De toutes parts surgirent des sociétés par actions. Vinrent d'abord les compagnies pour l'exploitation des mines de métaux précieux en Amérique. Les récits des voyageurs les plus compétens, ceux de Humboldt entre autres, touchant la merveilleuse richesse des gites argentifères du Mexique et du Pérou, enflammaient les imaginations. Par suite des luttes de l'indépendance, les mines avaient été assez délaissées ; mais si les filons fameux de la Valenciana et de la Veta-Grande avaient donné de si fabuleux produits avec le travail primitif des Indiens, que de trésors ne livreraient-ils pas à l'industrie britannique, munie de ses machines perfectionnées et des forces illimitées de la vapeur ! Les noms sonores de ces districts lointains exerçaient une fascination irrésistible. On croyait que les merveilles du Potosi seraient dépassées, et on s'attendait à voir couler des hauteurs de Zacatecas et de Guanaxato des fleuves ininterrompus de métaux précieux. Les actions des compagnies minières étaient disputées avec fureur, et par suite montaient avec un élan vertigineux. Celles de l'Anglo-Mexican, *du* Brasilian *et du* Columbian, *sur lesquelles 10 livres étaient versées, se cotaient en décembre 1824 au-delà de 100 livres, et en janvier 1825 elles atteignaient respectivement 158, 166 et 182. Le* Real del Monte, *avec 70 livres versées, en valait 1,350. En même temps se fondaient d'innombrables sociétés industrielles. Parmi les principales, on comptait 20 sociétés pour établir des chemins de fer, 22 banques et maisons d'assurances, 11 compagnies pour le gaz, 9 pour des canaux, 27 pour des manufactures, beaucoup d'autres enfin pour fonder des brasseries, construire des bateaux à vapeur, bâtir des docks, etc. En tout, les souscriptions connues dépassèrent 100 millions de livres ou 2 milliards 1/2 de francs. Dans la session de 1825, le parlement reçut 438 demandes de concession et en accorda 286. Les entreprises les plus inconsidérées trouvaient des actionnaires confians. On vit s'établir ainsi une société pour percer l'isthme de Panama, dont on ne connaissait pas encore la configuration, une autre pour pêcher des perles sur les côtes de la Colombie, une autre enfin pour convertir en beurre le fait des vaches des* pampas *de Buenos-Ayres et pour y multiplier les poulets, afin d'en envoyer les œufs au marché de Londres. La confiance était sans bornes, parce que tout le monde gagnait et que toutes les valeurs faisaient prime. Il suffisait de souscrire à n'importe quoi et de posséder le moindre titre mobilier pour réaliser des bénéfices. La fable du roi Midas se réalisait, et nul ne songeait à s'en plaindre : tout ce qu'on touchait se changeait en or. Toutes les classes se lancèrent dans l'arène de la spéculation ; chacun prenait part à ce* steeple-chase*universel, qui avait pour but la fortune acquise sans effort. Comme il ne fallait verser d'abord que 5 ou 10 pour 100 des sommes souscrites, il semblait facile de gagner beaucoup en exposant très peu. C'était un entraînement de plus auquel bien peu résistèrent.* « *On vit alors, dit l'*Annual Register *de 1824, des hommes de tout rang et de tout caractère, les prudens et les audacieux, les novices et les roués, les gens les plus simples comme les plus habiles, les plus méfians comme les plus confians, des ducs, des lords, des avocats, des médecins, des théologiens, des philosophes, des poètes, des ouvriers et de petits employés, des femmes, des veuves, des jeunes filles, exposer une partie de leur avoir en des entreprises dont ils connaissaient à peine le nom, et dont ils ignoraient certainement le but.* »

L'argent facilement acquis se dépense facilement aussi, dit-on. Tant de fortunes si rapidement accrues, tant de bénéfices, sans perte aucune, répartis entre tant de mains, amenèrent un accroissement correspondant dans la demande de toutes les marchandises, et comme l'offre ne pouvait immédiatement y faire face, le prix de toutes choses s'éleva. Le coton monta de 8 *pence* la livre en 1824 à 17 *pence* en 1825. Le tabac, le sucre, le café, les épices, la soie, se vendirent de 30 à 100 pour 100 plus cher d'une année à l'autre. Il en résulta des bénéfices énormes pour tous les détenteurs, et la fièvre de la spéculation se tourna bientôt aussi de ce côté. Les négocians ne se contentèrent pas de spéculer sur les produits existans dans le pays ; déterminés par les hauts prix, ils envoyèrent des ordres considérables à l'étranger. Par suite, en 1825, les importations des principales marchandises furent à peu près doublées. Elles s'élevèrent, pour le coton, de 149 millions de livres en 1824 à 228 millions en 1825, pour la laine de 22 millions à 43, pour le lin de 742,000 livres à 1,055,233.

L'Angleterre offrit alors un prodigieux spectacle. Cette petite île, à peine sortie d'une longue guerre, où elle avait dépensé plus de 45 milliards, malgré sa dette de 23 milliards, malgré les impôts énormes qui semblaient devoir l'accabler, se croyait assez riche pour contracter en moins de deux ans jusqu'à 4 milliards d'engagemens. Relativement à un si gigantesque mouvement d'affaires, il semble que l'instrument des échanges, numéraire et billets, devait être très insuffisant. La Banque n'avait pas augmenté sa circulation fiduciaire ; le montant de ses *notes* n'avait guère dépassé la moyenne, ordinaire alors, de 20 millions de livres. Les banques provinciales, jouissant depuis 1822 de l'autorisation d'émettre des billets au-dessous de 5 livres, avaient, il est vrai, porté leurs émissions de 4 millions à 11 millions. Ce papier, lancé dans la circulation, put contribuer à la hausse des prix ; il ne détermina pas cependant la crise, comme on l'a prétendu, car la plupart des opérations se faisaient à terme et à crédit, et n'entraînaient pas de paiemens immédiats. Les spéculateurs achetaient au moyen de la puissance d'acquisition que représentait leur avoir tout entier ; c'était donc comme si toutes les fortunes, monnayées par le crédit, étaient venues se faire concurrence sur le marché, ce qui avait amené cette hausse extraordinaire de toutes les valeurs et de toutes les marchandises. La hausse se soutint aussi longtemps que l'argent fut abondant, et que par suite la confiance générale se maintint : elle atteignit son apogée dans les premiers mois de 1825 ; mais déjà le numéraire commençait à s'écouler. Les emprunts et les compagnies minières de l'Amérique emportèrent à l'étranger des quantités énormes d'or et d'argent. Les exportations anglaises ne suffisaient pas à couvrir les importations extraordinaires faites par la spéculation. Le change devint défavorable : il fallut sans cesse, pour couvrir la différence, faire des remises en métaux précieux, et à partir du mois de mars la réserve de la Banque diminua rapidement. Au 31 août 1824, elle était de 11,700,000 liv. sterl. ; au mois d'avril, elle n'est plus que de 6 millions et demi ; en juillet, elle tombe à 4 millions, en octobre à 3 ; en décembre, il ne restait plus qu'un million. On était à la veille de la suspension des paiemens en espèces. La Banque n'en était pas encore arrivée alors à suivre la marche qu'elle adopte maintenant en pareilles circonstances, et qui consiste à retenir l'or par la contraction de l'escompte ainsi que par la hausse du taux de l'intérêt. Elle n'éleva ce taux de 4 à 5 que le 17 décembre, quand la crise sévissait déjà dans toute son intensité. Loin de restreindre l'escompte et la circulation fiduciaire, elle l'étendit au contraire pour venir en aide au commerce, et afin que ses billets prissent, comme moyens d'échange, la place du métal disparu ; elle ne considérait pas que c'était aider à le chasser encore plus vite ou tout au moins à l'empêcher de revenir. Elle s'avançait ainsi dans une impasse au bout de laquelle il n'y avait qu'un moyen de salut, la suspension des paiemens en numéraire et le cours forcé. Du commencement à la fin de décembre, elle double ses escomptes en portant l'émission de ses *notes* de 17 à 26 millions. Elle lança dans la circulation tous ses billets et jusqu'à un vieux paquet de *banknotes* d'une livre oublié dans une armoire. D'autre part, la caisse était presque à sec ; lord Ashburton prétendit même qu'à un certain jour de ce terrible mois de décembre il n'y restait plus rien. La Banque ne fut sauvée que par des expédiens. Le 27 décembre, elle reçut de la maison Rothschild 300,000 livres en or, et bientôt il lui arriva de Hollande et de France des envois de métaux précieux qui reconstituèrent sa réserve.

Quoique la Banque n'eût ni contracté l'escompte ni élevé le taux de l'intérêt, la crise n'en avait pas moins éclaté, occasionnant partout de terribles désastres. À mesure que l'argent devenait plus rare, le crédit se restreignait. Tous ceux qui avaient pris des engagemens à terme, soit pour des marchandises, soit pour des valeurs ou des entreprises, étaient obligés de vendre, et comme leur nombre était très grand, il y avait un immense excès dans l'offre. Tout le monde, se présentait au marché comme vendeur, personne comme acheteur. Il en résulta un avilissement extrême des prix. Les négocians obligés de réaliser ne pouvaient le faire qu'à 30 ou 40 pour 100 de perte. L'argent avait disparu du marché, ceux qui en possédaient ne voulant s'en séparer à aucun prix, ni pour le prêter, ni pour acheter. L'inquiétude et la défiance dégénérèrent en panique : l'on se rua sur les banques ; il y eut ce que les Anglais appellent énergiquement un *run*, un assaut général. Comme elles sont tenues de faire face à des engagemens à vue, ce sont elles qui succombent d'abord. Dans le seul mois de décembre, soixante-dix suspendirent leurs paiemens. La chute du *London Bank*, Pôle et Co, (17 décembre) entraîna celle d'un grand nombre de banques provinciales avec qui elle avait des relations. Les détaillans, les petits fermiers, qui avaient reçu des *notes* d'une livre, se trouvaient à leur tour dans l'impossibilité de payer leurs propriétaires. C'était un enchaînement de pertes retombant des uns suivies autres et répandant dans toutes les classes de la société la gêne, la ruine et le désespoir. Un écrivain de talent, économiste distingué, miss Martineau, a peint en quelques traits la physionomie du pays pendant ces terribles momens. « Sur la place publique, dans les villages, dit-elle, la foùle se rassemblait atterrée, et l'on entendait ce cri sinistre : la banque du district a suspendu ses paiemens ! Ici on voyait les hommes roulant dans leurs mains crispées un billet de banque désormais inutile, là des femmes pleurant et gémissant. Les échanges étaient complètement suspendus ; on ne pouvait plus ni vendre ni acheter. L'argent s'était écoulé hors du pays ou demeurait caché au fond des coffres-forts, et on considérait tout billet avec une telle terreur qu'on eût cru qu'il allait brûler les doigts de celui qui l'aurait accepté. Plutôt que de recevoir du papier, les cultivateurs fuyaient les marchés. La confiance et la gaîté avaient disparu. Plus de luxe, plus de fêtes, plus de brillantes toilettes, plus d'équipages ; chacun se réduisait à ce qui est strictement nécessaire pour vivre. On assiégeait les bureaux de poste pour avoir des nouvelles, et chaque jour apportait son contingent de faillites. L'imagination agrandissant encore le mal, on se croyait à la veille d'une catastrophe générale où toutes les fortunes auraient disparu, englouties comme dans un abîme. » Ce tableau ne paraîtra pas exagéré lorsqu'on songe que la crise atteignit toutes les classes, les négocians par l'avilissement de tous les prix, — les spéculateurs, et qui n'avait pas spéculé ? par la baisse de toutes les valeurs et par la ruine de tant d'entreprises mal conçues, — les industriels par la fermeture des débouchés, les campagnes par la suspension des *country-banks*. Les ouvriers sans ouvrage, réduits à vivre de l'aumône publique, se jetèrent sur les usines et brisèrent les machines, qu'ils accusaient d'avoir causé tout le mal en inondant les marchés de produits surabondans. Dans presque tous les comtés, il y eut des désordres, des émeutes, des luttes à main armée.

La crise dura encore tout le mois de janvier 1826, perdant toutefois chaque jour de sa violence. Les faillites furent encore nombreuses ; , mais quand on apprit que l'or commençait à refluer vers les caisses de la Banque, un rayon d'espoir releva les courages abattus. Le gouvernement autorisa la Banque à faire des avances sur marchandises jusqu'à concurrence de trois millions de livres sterling. L'annonce seule de la faculté offerte aux négocians de se procurer des ressources suffit pour faire renaître la confiance et pour rendre la mesure à peu près inutile, car les prêts ne dépassèrent point 400,000 livres sterling. Quand cette violente tourmente eut nettoyé le monde commercial des élémens impurs que l'excès du crédit et de la spéculation y avait accumulés, le ciel s'éclaircit peu à peu. On entendait bien encore de temps à autre le craquement sinistre d'une banqueroute retardée à force d'efforts et de sacrifices, mais c'étaient comme les derniers grondemens d'un orage qui s'éloigne et que suivra bientôt le retour du beau temps. Vers la fin de l'année 1826, le commerce et l'industrie avaient déjà repris le train ordinaire de leurs affaires. La réserve métallique de la Banque d'Angleterre dépassant 7 millions, l'escompte fut réduit à 4 pour 100. Dès le mois de janvier, le parlement s'était occupé des causes de la crise, et le comité d'investigation qu'elle nomma l'attribua en grande partie aux émissions exagérées des banques provinciales dans un moment où il aurait fallu les restreindre, afin de modérer la fièvre de la spéculation et arrêter la fuite de l'or. Pour éviter autant que possible le retour d'une semblable calamité, et surtout pour y soustraire les classes moyennes et inférieures, on interdit, sauf pour l'Ecosse, la circulation des billets de moins de 5 livres.

Pendant la même année, la place de New-York avait subi une convulsion analogue à celle qui avait causé tant de ravages en Angleterre. Au printemps, l'argent était abondant, le crédit illimité, par suite essor des entreprises nouvelles, immenses achats de marchandises par spéculation, de coton principalement. Au mois de juillet, l'argent disparaît. Le niveau métallique s'abaisse outre mesure dans les caisses des banques, l'instrument des échanges se raréfie, et le crédit se contracte. Tous les prix tombent, l'escompte s'élève à 30, à 36 pour 100. Au mois d'août commencent les faillites, qui se succèdent jusqu'à liquidation complète des opérations mal engagées et des maisons trop peu solides pour résister à l'épreuve.

Pendant dix ans, le marché anglais ne subit point de secousses qui méritent d'être signalées. L'année 1836 s'ouvrit avec tous les symptômes d'une grande prospérité. Les prix montaient, l'escompte était facile, nul symptôme alarmant n'entravait l'élan des affaires. Beaucoup de compagnies de chemins de fer se fondèrent au printemps. On vit s'établir aussi 42 nouvelles banques avec au moins 200 succursales, ce qui portait le chiffre total de ces établissemens de crédit à 670, comptant près de 37,000 actionnaires. Tout à coup l'or commence à s'écouler à flots vers l'Amérique, où le président Jackson s'efforçait d'étendre la circulation métallique. Quoique la Banque restreigne ses escomptes et en élève le taux, sa réserve tombe à 4 millions. Aussitôt le crédit se contracte ; le *money-market*, le marché monétaire, présente les signes précurseurs des catastrophes. Le 14 novembre 1836, l'importante banque irlandaise, *Agricultural and commercial Bank*, tombe avec ses 30 succursales. On se rappelle les désastres de la terrible année 1825, et partout on demande le remboursement des billets aux banques provinciales. La Banque d'Angleterre vint au secours des plus menacées. En même temps elle repoussa à l'escompte les traites des maisons américaines qui lui soutiraient son encaisse. Il en résulta de mars à juillet 1837 d'importantes faillites parmi les maisons engagées dans le commerce avec les États-Unis. Comme la plupart des industries n'étaient point surchargées d'engagemens, les désastres s'arrêtèrent là. À l'automne, les affaires avaient repris leur marche accoutumée. En 1839 éclata une nouvelle crise financière, causée cette fois par les fluctuations du commerce international avec le continent. Pendant plus d'une année, c'est-à-dire depuis le milieu de 1838 jusqu'en novembre 1839, le change fut constamment contraire à l'Angleterre, ce qui signifie qu'il était avantageux d'exporter des métaux précieux de Londres vers le continent. Ce *drainage* ininterrompu du métal, qui finit par conduire la Banque à la veille d'une nouvelle suspension, était dû à différentes causes : l'importation d'une grande quantité de céréales à des prix élevés qui emportèrent environ 10 millions liv. st., — les besoins de numéraire de la Russie et de la Suède, qui firent venir beaucoup d'argent de Londres par la voie de Hambourg, — le bas prix des valeurs en France et en Belgique, suite de la crise de 1838, qui attira les capitaux anglais. On reproche aussi à la Banque d'avoir méconnu les nécessités du moment en laissant son escompte à 3 1/2 pour 100 jusqu'en mai, lorsque déjà la réserve était tombée à 5 millions. Elle descendit même un moment à 2 millions 1/2 contre une circulation en billets de 17 millions 1/2. La direction vit enfin l'abîme vers lequel elle marchait ; le taux de l'escompte fut porté de

5 à 6, et dans son effroi elle eut recours à des expédiens désespérés, indignes, a-t-on dit, du plus puissant établissement du monde. Elle accepta l'assistance de douze des principaux banquiers de Paris qui, par l'entremise de la maison Baring de Londres, lui ouvrirent un crédit de 2 millions de livres sterling. Grâce à l'élévation du taux de l'escompte, l'argent commença de refluer vers l'Angleterre, et la crise se dissipa peu à peu. Le nombre des faillites avait été considérable ; l'industrie souffrit beaucoup, et la classe ouvrière, privée de travail, ouvrit l'oreille aux théories chartistes. En somme néanmoins, il y eut en 1839 une gêne très forte du *money-market* plutôt qu'une véritable tourmente économique. D'autres pays eurent à subir des épreuves plus terribles que l'Angleterre. En Amérique, la crise, qui durait depuis 1836, arriva à son apogée en 1839 par la suspension et la liquidation définitive de la Banque des États-Unis. Dans la seule année 1839, 959 banques avaient spendu. De 1837 à 1839, les statistiques officielles constatèrent 33,000 faillites et une perte de 440 millions de dollars. En Belgique, en 1838, la banque principale suspendit, et toutes les valeurs baissèrent énormément. Les actions industrielles étaient tombées à vil prix, et il y eut des pertes considérables. En 1839, la crise atteignit Hambourg. L'escompte s'éleva, chose inouïe alors, à 7 pour 100 ; beaucoup de maisons faillirent ; la place fut profondément ébranlée et couverte de ruines. La France même, quoiqu'on ne pût lui reprocher d'abuser du crédit et de la circulation fiduciaire, n'échappa point à l'ébranlement général. De janvier à juillet 1839, on constata à Paris plus de 600 faillites importantes, parmi lesquelles 93 de sociétés par actions, qui occasionnèrent une perte de 148 millions de francs.

II

Ces embarras si fréquens et si graves de la circulation appelèrent de nouveau, vers cette époque, l'attention du parlement anglais. Un certain groupe d'économistes et d'hommes pratiques très versés dans les questions financières attribuaient alors ces perturbations sans cesse renaissantes à l'emploi exagéré des billets de banque qui expulsaient du pays le véritable intermédiaire des échanges, l'or et l'argent. Les écrits de Mac-Culloch, de W. Clay, du colonel Torrens, de M. Loyd et de M. Norman entraînèrent l'opinion, et Robert Peel put faire voter le fameux *act* de 1844, qui a donné lieu depuis à tant de débats. Par cette loi, la Banque d'Angleterre était autorisée à émettre 14 millions de billets, et les banques de province 8 millions. Au-delà de ces 22 millions (550 millions de francs), toute émission nouvelle devait être couverte par une contre-valeur en métaux précieux. De cette façon, l'intermédiaire des échanges, composé de billets et de numéraire, ne pouvait s'étendre que dans la mesure où il se serait accru, s'il avait été composé uniquement de métaux précieux. On espérait combattre ainsi la hausse des prix, produire, assurait-on, par une trop forte émission de monnaie de papier, laquelle avait pour conséquence l'exportation du métal et par suite les crises. L'*act* de 1844 était bien conçu en vue du but qu'on voulait atteindre, qui était de maintenir de plus fortes réserves métalliques ; mais il était insuffisant pour arrêter le retour périodique des crises, puisque dès 1847 il en éclatait une aussi grave au moins que les précédentes, et qui cette fois atteignit la France presqu'aussi rudement que l'Angleterre.

En Angleterre, la période d'expansion et de prospérité croissante commença vers 1843. En 1844, le capital s'accumule et cherche un emploi. L'or afflue à la Banque, son encaisse dépasse 15 millions ; l'escompte officiel est abaissé à 2 1/2, et dans Lombard-street le papier *irréprochable* est accepté à 2 0/0, à 1 1/2 même, affirme-t-on. Jamais l'intérêt n'était tombé si bas. On voyait approcher le moment où le prêt serait gratuit et ne rapporterait plus aucun avantage au prêteur. Les consolidés montaient d'une manière continue : en 1845, ils atteignirent le pair ; comme en 1825, tous les symptômes d'une surabondance de capital se manifestaient. Dans les canaux de la circulation, il y avait pléthore : il fallait un écoulement à cette richesse qui cherchait un placement. En ce moment, les résultats avantageux que produisait depuis quelque temps l'exploitation des chemins de fer construits dans les dix dernières années commencèrent à fixer l'attention publique. Les faiseurs de projets apparurent ; les compagnies se constituèrent, faisant appel aux capitaux, et ceux-ci répondirent avec empressement. Déjà en 1844 le parlement accorda la concession de 800 milles qui devaient coûter 400 millions de francs ; mais l'année suivante cela dégénéra en fureur, en manie. Les prospectus pullulèrent avec cartes et documens à l'appui ; le nombre des lithographes devint tellement insuffisant qu'on en fit venir d'un coup 400 de Belgique. 678

Émile de Laveleye

nouvelles demandes de concession furent soumises au parlement, qui en vota 136. En 1846, on concéda encore 260 nouveaux chemins, et 148 en 1847. L'*Economist* calcula que la construction des voies votées durant ces quatre dernières années devait entraîner une mise dehors totale d'environ 5 milliards 1/2 de francs et un versement annuel de près de 900 millions. Sur tous ces nouveau, titres, la spéculation était active ; on se les arrachait, et les primes s'élevaient en conséquence. Comme on estimait alors l'épargne annuelle de l'Angleterre à 1 milliard de francs, elle aurait pu à la rigueur faire face à l'énorme dépense qu'exigeait la construction de son propre réseau ; mais en même temps les capitalistes anglais souscrivirent pour de fortes sommes aux chemins du continent, notamment à ceux de la Belgique et de la France, ce qui acheva d'absorber le capital disponible, et en outre des circonstances désastreuses vinrent peser sur une situation déjà si tendue. La maladie des pommes de terre, qui éclata en 1845 comme un choléra de la végétation, ruina, affama l'Irlande, que l'Angleterre dut nourrir avec un sacrifice de plus de 160 millions de francs, tandis que le prix des grains s'élevait par suite de l'insuffisance de la récolte. En 1846, le blé resta cher, et, la récolte ayant manqué en France, il monta au commencement de 1847 au taux de disette de 102 shillings le *quarter*. Sous la pression d'une demande aussi intense, les grains affluèrent d'Amérique et de Russie. New-York seul en expédia pour près de 200 millions de francs, et on estima que l'importation totale des denrées alimentaires atteignit 1 milliard de francs. Les exportations de marchandises anglaises ne s'étaient pas accrues en proportion de ces énormes importations ; il fallut donc payer la différence en métal. Le change avec les marchés qui avaient fourni le blé, les États-Unis et la Russie, devint défavorable, et l'or commença de s'écouler hors du pays. L'encaisse de la Banque descendit, de 15 millions en décembre 1846, à 9 millions en avril 1847. La Banque, après une sécurité trop longtemps prolongée, s'alarma enfin, et éleva coup sur coup l'escompte à 3 1/3 le 14 janvier, et à 4 le 21. Cette mesure, où se trahissait l'inquiétude, la communiqua au monde commercial. Toutes les valeurs baissèrent rapidement, les consolidés tombèrent à 88. Malgré les signes précurseurs de la tempête, on espéra un moment y échapper. Le ciel sembla s'éclaircir, un peu de métal reflua vers la Banque. En mai, une somme importante déjà embarquée pour l'Amérique fut remise à terre. L'encaisse se releva à 10 millions 1/2 sterling. On croyait si bien le danger passé que le discours du trône à la clôture du parlement, le 23 juillet, ne mentionna point les difficultés qui menaçaient le monde des affaires. Et pourtant dès la fin du même mois on vit avec effroi recommencer l'exportation des métaux précieux pour la Russie, pour les États-Unis, pour la France même, où sévissait déjà la crise. En août, la Banque, pour retenir sa réserve qui fuit, relève l'escompte à 5, puis à 5 1/2 ; elle restreint ses avances, elle n'accepte plus que les billets à un mois, et en septembre elle annonce qu'elle cesse de faire des avancés sur dépôt de fonds publics. Ces mesures de salut, commandées par la situation et auxquelles elle aurait dû avoir recours plus tôt ; déterminèrent enfin l'explosion de la crise, si longtemps, mais en vain retardée. Les premières maisons qui succombèrent furent celles qui étaient engagées dans le commerce des grains. Par suite de la bonne récolte de l'année, le prix du blé tomba en juillet à 74 shillings le *quarter*, et à 49 shillings en septembre. Tous les négocians qui avaient acheté dans les hauts prix perdirent énormément. Les faillites ne tardèrent pas à éclater avec des passifs formidables de plusieurs millions sterling. Les pertes retombant de l'un sur l'autre, une foule de négocians succombèrent : chaque jour, on apprenait une suspension nouvelle. Une terreur panique avait frappé les esprits ; on se rappelait la terrible année 1825, et chacun se croyait à la veille de sa ruine. L'alarme fut au comble lorsqu'on annonça que les deux principales banques de Liverpool avaient suspendu leurs paiemens (18 et 26 octobre). Pendant les cinq jours suivans, plusieurs grands établissemens de crédit faillirent aussi à Manchester, à Newcastle et dans tout l'ouest. Les consolidés tombèrent à 79. La Banque éleva l'escompte à 8 pour 400, et à ce taux même elle refusait beaucoup d'excellent papier. Sur le marché libre, l'escompte monta à 12 et 13 pour 100. Toutes les actions de chemins de fer, si recherchées peu de temps auparavant, étaient invendables, même les meilleures. Le contre-coup de cette convulsion financière frappa cruellement la classe ouvrière : déjà depuis un an le manque et le haut prix du coton avaient beaucoup réduit la demande de travail. En ce moment critique, beaucoup d'usinés se fermèrent, et les entrepreneurs de chemins de fer, faute d'argent, renvoyèrent un grand nombre de leurs ouvriers. Plus de cent mille travailleurs furent soutenus par l'aumône officielle en vertu de la loi des pauvres. Le désespoir était dans tous les cœurs.

Au plus fort de la crise, en octobre, une députation du commerce demanda avec la plus vive instance au ministère la suspension de l'*act* de 1844, qui forçait la Banque de restreindre ses émissions dans la mesure où son encaisse diminuait, et qui enlevait ainsi à la circulation une partie de l'agent des échanges au moment où on en avait le plus pressant besoin. Le ministère céda : Robert Peel lui-même n'osa point conseiller la résistance. La Banque fut autorisée à dépasser le maximum légal de son émission ; mais soit que l'autorisation seule eût suffi pour dissiper un peu l'effroi général, soit que la crise fût naturellement arrivée à son terme, ou que le taux de 8 pour 100 de l'escompte eût produit son effet, l'or commença de refluer vers les caisses de la Banque, et peu à peu la confiance revint. Quand on lit le relevé des désastres causés par l'ouragan économique, on trouva que plus de 400 maisons avaient succombé avec un passif d'environ 600 millions de francs.[1]

En France, des causes semblables avaient produit des effets identiques : en 1843 et 1844, surabondance de capitaux, hausse des valeurs, expansion du crédit. De vastes entreprises de chemins de fer se fondent, qui exigent, pendant plusieurs années des versemens réguliers et considérables. Mauvaise récolte en 1846, importation de grains sans exportation correspondante de produits français, d'où écoulement rapide du numéraire. Du 1er juillet 1846 au 1er janvier 1847, l'encaisse de la Banque tombe de 252 millions à 80 ; au 15 janvier, il n'est plus que de 59 millions. Le taux de l'intérêt est porté de 4 à 5 pour 100 ; mais, plutôt que de restreindre ses escomptes, la Banque a recours aux expédiens : elle fait affiner l'argent de 15 millions de pièces démonétisées, elle obtient de la province 4 ou 5 millions, elle en emprunte 25 à des banquiers anglais et en accepte 50 de l'empereur de Russie en échange de rentes françaises qu'elle lui vend. Ces embarras financiers avaient traîné à leur suite leurs

---

1 Le journal satirique de Londres, le Punch, symbolisa parfaitement dans une de ses caricatures la cause du mal. Une dame s'informe dans un magasin du prix d'une étoffe. Le commis répond : « une cuiller et demie d'argent. — Donnez-moi donc mon panier d'argenterie, » dit la dame à son domestique. Par la disparition de l'agent ordinaire de la circulation, le numéraire, on était réduit au troc comme les tribus de sauvages.

conséquences ordinaires : faillites, pertes, chômages, misères et ruines de toute sorte. Hambourg et l'Allemagne centrale, Francfort, le Wurtemberg, Bade, ressentirent aussi les effets de l'ouragan qui s'était abattu sur l'Angleterre et sur la France.

Si l'on compare les deux grandes crises de 1825 et de 1847, on voit aussitôt qu'elles sont déterminées l'une et l'autre par la même cause, l'exportation du numéraire, d'où résulte une contraction de l'instrument des échanges, constitué chez les peuples avancés à la fois de monnaie métallique et de monnaie de papier ; mais cette exportation, ce *drainage*, comme disent les Anglais, fut amené en 1825 par des placemens inconsidérés dans les emprunts et les mines de l'Amérique, tandis qu'en 1847, elle était due en grande partie aux conséquences d'une mauvaise récolte, de sorte que s'il faut attribuer, pour la première de ces crises, la faute entière à l'imprudence des hommes, on peut s'en prendre pour la seconde à l'inclémence des saisons et aux rigueurs de la nature. En 1825, la perturbation économique fut de plus courte durée : il n'y eut qu'une seule panique, mais elle occasionna plus de ravages. En 1847, le fléau sévit plus longtemps : il y eut deux paniques, une en avril et une en octobre ; les suites en furent toutefois moins désastreuses. La Banque, en 1825, ne fit rien pour conjurer le danger ; en 1847, elle prit quelques mesures tardives sans un meilleur résultat. Malgré ces différences, les commencemens, l'explosion et la terminaison de la tourmente financière présentent aux deux époques les mêmes caractères généraux.

Nous arrivons maintenant à la dernière crise dont nous ayons à parler, celle de 1857. Elle fut plus grave que la précédente, parce qu'elle s'étendit sur le monde entier. Ayant pris naissance en Amérique, le cyclone financier dévasta successivement l'Angleterre, la France, l'Allemagne, tout le nord de l'Europe, y compris les états Scandinaves, et le contre-coup s'en fit sentir jusqu'à l'autre côté de l'équateur, à Java et au Brésil. À mesure que les moyens de communication étaient devenus plus faciles, plus économiques, la chaîne du crédit réciproque avait lié plus étroitement les unes aux autres les grandes places de commerce. Une union plus intime rattachait tous les intérêts, et un profond ébranlement à l'une des extrémités devait nécessairement se communiquer à l'autre, comme on verra bientôt l'étincelle électrique faire vibrer du même coup les deux hémisphères.

La révolution de février, malgré les embarras locaux qui en furent la suite, n'amena pas de crise véritable, parce que les événemens de cette époque n'eurent guère d'action sur les échanges internationaux. Quand le monde des affaires se fut remis de la secousse, les flots d'or de l'Australie et de la Californie ne tardèrent pas à lui imprimer un prodigieux essor. Pendant les neuf années de 1848 à 1856, on estime que ces deux pays seuls envoyèrent en Europe plus de 4 milliards de francs. En 1856 seulement, l'Angleterre reçut en métaux précieux, or et argent, une valeur de 25,643,600 livres sterling. Ces 4 milliards, répandus en si peu de temps dans la circulation européenne, eurent pour effet immédiat de stimuler extraordinairement la production et l'esprit d'entreprise. Ce fut, comme d'habitude, l'Angleterre qui donna le branle au mouvement d'expansion. Pendant l'année 1852, l'intérêt tomba de nouveau à 2 et même à 1 1/2, et les consolidés atteignirent le pair. Aussitôt de nouvelles compagnies se formèrent pour absorber le capital surabondant. Cette même année, dans l'espace de cinq mois, on en vit s'établir 153, exigeant des versemens pour une somme de plus d'un milliard de francs. La construction de nouvelles lignes de chemins de fer absorba, de 1852 à 1857, encore au moins 5 milliards. Les autres industries se développèrent dans la même proportion. La production du fer, de la houille, des étoffes de laine et de coton, augmentait avec une rapidité prodigieuse. Le commerce porta le mouvement de ses affaires, importations et exportations réunies, de 3 milliards en 1848 à 7 milliards de francs en 1856. Ce merveilleux accroissement de richesse dans toutes les branches permit à l'Angleterre de faire face, sans difficultés apparentes, à la dépense de 2,300,000 livres sterling qu'exigea la guerre avec la Russie. Les arrivées mensuelles de l'or des placers comblaient les vides que faisaient de temps en temps les remises à effectuer en Orient. Cependant dès la fin de 1855 il fallut protéger, par un escompte élevé à 7 pour 100, un encaisse réduit à 11 millions de livres sterling s et l'année d'après, à la même époque, la réserve métallique étant tombée à 9 millions, l'intérêt fut de nouveau porté à 7 pour 100.

En France, pendant la même période 1848-1856, proportionnellement l'expansion n'avait pas été moindre. Les entreprises de chemins de fer seules absorbèrent annuellement, de 1852 à 1854, 250 millions, puis en 1855 500 millions, et en 1856 520 millions de francs. Lorsque l'administration décida, par mesure de prudence, en 1856, que momentanément on n'accorderait plus de concessions, l'achèvement des voies déjà concédées exigeait encore une mise dehors de 1,260 millions. Les emprunts de l'état, souscrits avec un si furieux entrain, et ceux des villes absorbèrent encore, de 1854 à 1856, environ 1 milliard 1/2. Nous n'insisterons pas sur la physionomie de ces années, encore assez peu éloignées de nous pour qu'on n'en ait pas perdu le souvenir. C'était le temps heureux de la hausse générale et des bénéfices assurés. Les autres marchés du monde présentaient un spectacle à peu près pareil. L'Allemagne, elle aussi, jusque-là prudente et sage, se lança dans le tourbillon. Les primes merveilleuses touchées par les fondateurs et les premiers actionnaires du crédit mobilier français avaient monté toutes les têtes au-delà du Rhin. Chaque ville voulut avoir sa banque ou son crédit mobilier. De 1854 à 1857, on en fonda pour un capital d'environ 800 millions de francs. Partout on s'arrachait, on se disputait les titres des institutions nouvelles. À Francfort, on avait réservé le droit de souscrire à ceux qui étaient bourgeois de la ville. Tous souscrivirent, et on payait chèrement les portefaix bourgeois qui, grâce à un coup d'épaule, pouvaient arriver avant les autres au guichet. À Vienne, la foule des souscripteurs passa toute la nuit devant les bureaux, et quand approcha l'heure de l'ouverture des portes, plus d'un faillit périr étouffé dans la presse. Même fièvre vertigineuse dans toutes les villes, grandes et petites, à Cobourg, à Leipzig, à Dessau, à Géra, à Buckebourg, à Hanovre, à Meiningen. On s'occupait peu du mérite réel de l'institution qui se fondait ; le but unique était de toucher des primes qui paraissaient infaillibles. On s'inscrivait pour dix, pour cent fois autant d'actions qu'il y en avait de disponibles, afin que cette apparence d'empressement du public fît aussitôt monter la valeur. Les souscriptions pour la banque de Hanovre montèrent à la somme fabuleuse de 1,100 millions de thalers, soit plus de 4 milliards de francs. Une institution de crédit fondée à Hambourg vit son capital souscrit au centuple, et pourtant elle semblait si peu sérieuse qu'elle ne put trouver de directeur. D'autre part la construction des chemins de fer, opération sérieuse celle-là, en trois ans absorba plus d'un milliard de francs.

De l'autre côté de l'Atlantique, les États-Unis avaient présenté bien plus que l'Europe le spectacle d'un essor inouï de la production et de la spéculation. Chez ce peuple riche des ressources illimitées d'un sol vierge, plus riche encore de l'activité dévorante et de la vive intelligence de ses citoyens, la création des capitaux s'opère avec une rapidité qui tient du prodige. Le travail est deux fois plus productif qu'en Europe, et nul n'est oisif. L'Américain est le premier *wealth maker* (créateur de richesse) du monde. La vie semble n'avoir qu'un but à ses yeux, poursuivre la fortune, et nul ne sait mieux que lui s'aider du secours de la machine qui décuple les forces de l'homme. Lorsqu'on étudie les chiffres qui peuvent servir à mesurer le progrès économique des États-Unis à cette époque, on s'étonne de la puissance qu'ils révèlent, et l'on comprend mieux les gigantesques sacrifices d'argent que la fédération parvient à faire maintenant pour la guerre. En 1856, l'Union avait déjà construit 24,000 milles de chemins de fer, et 50,000 de télégraphes, trois fois autant que l'Angleterre et six fois autant que la France. Le tonnage de sa marine marchande avait à peu près atteint celui de la Grande-Bretagne. Le congrès avait concédé, dans la seule année 1856, 40 millions d'acres, c'est-à-dire un territoire grand comme le tiers de la France. Le mouvement dans les ports et sur les chemins de fer s'était accru d'un tiers. Le nombre des banques, de 700 en 1846, s'était élevé en 1856 à 1,416, avec un capital de 376 millions de dollars. La dette de l'état avait été réduite à la somme insignifiante de 35 millions de dollars, et le produit des impôts laissait un excédant disponible, Ainsi, tandis que les nations européennes dévoraient une partie de leurs épargnes en arméniens énormes ou sur les champs de bataille, l'heureuse Amérique, jouissant d'une paix profonde, consacrait les siennes à féconder toutes les branches de l'activité nationale, l'agriculture et l'industrie, le commerce et la navigation.

En ces temps fortunés, le monde civilisé présentait donc l'image d'une prospérité sans exemple. L'univers était devenu semblable à une ruche ou plutôt à un immense atelier, et chaque peuple s'appliquait à livrer à l'échange général le produit que ses aptitudes ou son climat lui permettaient de créer avec le plus d'avantage. La vapeur, entraînant le navire sur les mers et le wagon sur les voies ferrées, établissait entre tous les marchés des communications journalières. L'or, qui coulait à flots, et les instrumens de crédit, bien plus puissans que l'or, donnaient à la circulation des richesses des facilités et par suite une rapidité extrêmes. Le transport des marchandises, la masse des produits, le total de la consommation, tous les élémens de la fortune des nations se comptaient par des chiffres si énormes, que, comme ceux qu'emploie l'astronomie, ils stupéfient l'esprit, qui ne peut plus les saisir. Cette vie exubérante, cette fièvre de production, étaient certes un beau spectacle pour ceux qui croient que le salut des sociétés est dans l'accumulation des capitaux. Or c'est au milieu de cette expansion des forces productives et dans le pays même qui y avait pris la plus large part qu'éclata tout à coup l'orage qui devait occasionner tant de désastres.

Ce qui prépara la crise aux États-Unis, ce fut l'emploi exagéré du crédit, et notamment les avances énormes faites par les banques,[1] au moyen de leurs dépôts, aux entreprises industrielles, aux chemins de fer surtout ; mais ce qui détermina l'explosion, ce furent les perturbations du commerce extérieur. Dans un pays qui s'enrichit, on voit augmenter la consommation de toutes choses, de celles principalement qui répondent à des besoins de luxe. Or ces choses-là, c'était l'Europe qui les fournissait à l'Amérique. On calcule qu'en 1857 la toilette seule des dames exigea une importation de marchandises européennes d'une valeur de 200 raillions de francs. Stimulés par l'aspect de la prospérité croissante de la nation, les négocians avaient à l'envi agrandi leurs commandes. En 1856, le blé avait été cher en Europe, et l'Union avait payé ses créanciers avec ses exportations de céréales. En 1857, une bonne récolte dispensa l'ancien monde de se faire nourrir par le nouveau, et celui-ci se trouva dans l'embarras quand il lui fallut solder ses importations. Des remises en or étaient le seul moyen de rétablir la balance. Le mal n'était pas encore très grand, seulement il en résulta une certaine inquiétude. Or toute défiance restreint le crédit, qui n'est que la confiance. L'argent et le crédit se raréfiant ensemble, les moyens d'échange devinrent insuffisans. Les prix

1   Au 22 août 1857, à la veille de la crise, la somme de ces avances avait presque dépassé l'ensemble de toutes les valeurs réunies, réserve métallique, billets et dépôts. Les dépôts seuls dans les banques de New-York dépassaient 400 millions de francs en 1856, et étaient encore de près de 300 millions en 1857.

Émile de Laveleye

baissèrent, d'abord ceux des marchandises, puis ceux de toutes les valeurs. Les déposans commencèrent à retirer quelque argent des banques. Ce fut l'origine de la débâcle. Le 24 août, l'*Ohio life and trust company* suspendit avec un passif de 5 millions de dollars, qui, liquidation faite, ne laissa pourtant qu'une perte insignifiante. Bientôt suivit la suspension du*Mechanic banking association*, un des plus anciens établissemens de l'état. Au commencement de septembre, il y eut une éclaircie : on espéra que la crise s'arrêterait. Dans les grands ouragans, après une première bourrasque, il s'établit de même un instant de repos qui précède le déchaînement final des élémens. Les banques en profitèrent pour restreindre peu à peu leurs escomptes afin de se mettre à couvert ; mais ces mesures de prudence augmentèrent les alarmes. En quelques semaines, toutes les valeurs, même les meilleures, baissèrent de 30 à 50 pour 100. Un sinistre maritime, auquel on aurait attaché peu d'importance en temps ordinaire, porta la panique à son comble. Le *money-market* attendait avec impatience un *steamer* chargé d'or qui devait rendre, espérait-on, quelque facilité à la circulation embarrassée. Malheureusement le*Central-America*, ce galion californien si anxieusement désiré, fit naufrage, et dès lors ce fut un sauve-qui-peut général. À la fin de septembre, les banques de Maryland et de Pensylvanie suspendirent, entraînant avec elles cent neuf maisons des plus importantes de Baltimore, de Boston et de Philadelphie. Au 3 septembre, cent soixante-quinze banques avaient arrêté le remboursement des dépôts. L'escompte était à 30 ou 40 pour 100. Les fabriques commençaient à se fermer, et les ouvriers étaient renvoyés en foule. Les banques de New-York avaient encore un encaisse de 13 millions de dollars, et elles tenaient bravement tête à l'orage, restreignant chaque jour leurs avances ; mais ces restrictions élevaient de plus en plus le taux de l'intérêt : il monta à 60 ou 70 pour 100, ou plutôt tout crédit était mort, tout échange suspendu. Les commerçans, poussés au désespoir et rendant les banques responsables de l'extrémité où ils étaient réduits, organisèrent un *run* sur celles qui se tenaient encore debout. Le 13 octobre fut un jour terrible : on assista alors aux émeutes du monde financier, à la prise d'assaut des bastilles du capital. Les banques payèrent pendant quelques heures à bureau ouvert ; le soir cependant, sur les trente-trois qui restaient, trente-deux suspendirent aussi. Dans tout l'état, puis dans tout le nord, enfin dans l'Union entière, tout s'écroula comme sous le coup irrésistible d'une trombe. Presque aucun établissement, aucune maison, ne resta debout. Tout paiement en argent avait cessé, toute, remise était impossible ; nul ne pouvait plus ni vendre ni obtenir de crédit. Il n'y avait plus ni prêteurs ni acheteurs. Quand on fit le relevé des désastres, on trouva qu'au Canada et dans l'Union il y avait 5,123 faillites, avec un passif de 299 millions de dollars, plus d'un milliard 1/2 de francs, dont la moitié environ était définitivement perdue. Chose inouïe, à l'exemple des banques, quatorze grandes compagnies de chemins de fer, écrasées par leur dette flottante, suspendirent aussi avec un passif de 189 millions de dollars. Le contre-coup des catastrophes de New-York se fit sentir jusqu'aux bords du Pacifique. En Californie, les banques furent de même décimées par un *run* tout spontané ; toutefois, après avoir fermé leurs portes pendant quelques jours, elles reprirent leurs paiemens.

Dans le reste de l'Union, si la crise fut exceptionnelle par sa généralité, sa soudaineté et son intensité, elle ne fut pas du moins de longue durée. La baisse extrême des meilleures valeurs et la fabuleuse élévation de l'escompte (60 pour 100) attirèrent l'attention des spéculateurs européens. Les ordres d'achats arrivèrent, et par suite les remises en métal. L'or reflua si rapidement que déjà, au commencement de décembre, la réserve des banques de New-York s'éleva, à 26 millions de dollars, et qu'elles purent reprendre leurs paiemens en espèces. Au 1er janvier, toutes les banques de l'Union en avaient fait autant, sauf celles de Pensylvanie, à qui on accorda un délai jusqu'au 1er avril.

Le cyclone financier qui avait ravagé toute la surface de l'Union en octobre n'atteignit l'Angleterre qu'en novembre. On estime que les capitalistes anglais avaient placé 1 milliard 1/2 de francs dans les entreprises américaines, dans les chemins de fer principalement. La baisse de toutes les valeurs aux États-Unis les atteignit fortement ; mais cette circonstance n'amena point l'explosion de la crise, occasionnée plutôt par l'emploi excessif du crédit. D'immenses affaires, faites avec peu d'argent comptant et avec énormément d'avances accordées par les banques,[1] voilà ce

---

1 On a enregistré à ce sujet quelques faits vraiment incroyables. Ainsi la *Wolverhamp-*

qui rendit la convulsion possible, ce qui en prépara les élémens. La cause déterminante fut, comme toujours, une contraction de l'intermédiaire des échanges. L'insurrection de l'Inde et les hostilités avec la Chine avaient exigé l'envoi de beaucoup de numéraire dans l'extrême Orient. En même temps les besoins de la place et la baisse des prix appelaient l'or à New-York. L'argent s'écoulait vers l'est,[1] suivant son cours habituel, et l'or, par exception, refluait vers l'ouest. Un certain vide se fit ; l'encaisse de la Banque tomba à 9 millions au 17 octobre. L'escompte fut élevé à 7 pour 100, puis à 8 la semaine d'après. Cependant nul ne prévoyait encore la gravité de la situation, et le *Times* continuait à rassurer le public, quand tout à coup, le 27 octobre, l'importante banque de Liverpool suspendit ses paiemens. Ce fut comme un coup de tonnerre qui annonça le déchaînement de la tempête. Les faillites commencèrent à Liverpool et à Glasgow. Le 30 octobre, 50,000 livres sont enlevées par une banque d'Ecosse, 80,000 livres par les banques d'Irlande, et la compagnie des Indes fait un grand envoi d'argent vers l'Orient. L'encaisse métallique de la Banque d'Angleterre continue à baisser : il tombe à 6 millions 1/2. Le 5 novembre, l'escompte est porté à 9, et le 10 enfin au taux inconnu jusque-là de 10 pour 100. Dès lors la panique devient générale,- les prix sont écrasés ; marchandises et valeurs perdent 20 ou 30 pour 100. Dans les principaux centres industriels, on voit succomber les plus puissantes maisons, avec des passifs qui se comptent par millions. Même les fameuses banques d'Ecosse, qui avaient tenu tête à toutes les crises précédentes, et qui étaient citées pour leur solidité, ne purent cette fois résister au choc. Le 9 novembre, la *Western-Bank*, avec ses quatre-vingt-treize succursales, suspendit ses paiemens. Cette catastrophe inattendue jeta partout la consternation, et atteignit directement les classes inférieures. Les petits bourgeois, les ouvriers même, déposaient leurs économies dans ces établissemens de crédit, et

---

ton-Bank avait avancé à deux maisons 40 millions de francs. La firm G... et Co avait en capital lui appartenant 250,000 francs : elle suspendit avec un passif de 14 millions. La firm B... était parvenue, grâce au crédit, à faire en trois ans pour 75 millions d'affaires avec un avoir de 200,000 francs. La maison M..., qui n'avait jamais eu 30,000 francs à elle, laissa un passif de 9 millions. Le chancelier de l'échiquier, sir Charles Wood, fit connaître au parlement que le *Royal-Bank* de Liverpool, avec un capital versé de 600,000 livres sterling, en prêta 500,000 à une seule maison.
1 En 1857, l'Angleterre envoya dans l'extrême Orient une valeur de 419,882,000 fr. en argent.

leurs*banknotes* d'une livre étaient dans toutes les mains. Dès lors on se rua sur les banques pour retirer les dépôts et obtenir de l'or. On comprend le désespoir de tous ceux qui étaient repoussés, et qui revenaient les mains vides ou avec un chiffon de papier que nul ne voulait recevoir. En cette extrémité, on vit ce que peuvent l'initiative individuelle et les habitudes de publicité d'un pays libre. Le 17 novembre se réunit à Glasgow un *meeting* composé des membres de l'aristocratie et de la bourgeoisie riche, et tous les assistans s'engagèrent à accepter au pair le papier des banques en tout paiement. Cette énergique résolution ramena la confiance ; le billet circula de nouveau, et comme les actionnaires des banques, la plupart riches propriétaires, étaient tenus sur tous leurs biens, en vertu de la clause de responsabilité illimitée, le passif fut entièrement couvert.

À Londres, par suite de l'épuisement de sa réserve métallique, la Banque était arrivée au moment où, pour obéir à l'*act* de 1844 » elle allait être réduite à une complète impuissance. Comme en 1847, les instances du commerce déterminèrent le ministère à autoriser la suspension de l'*act* (12 novembre), et cette fois les émissions dépassèrent la limite légale d'environ 25 millions de francs. Le total des escomptes s'éleva de 14,803,000 livres sterl. le 10 novembre à 21,600,000 livres sterl. le 21 du même mois. Comme en 1847, cette mesure de salut public parut amener une détente dans la situation ; malheureusement elle arriva trop tard pour sauver les districts industriels des cruelles épreuves qu'ils eurent à traverser pendant ce terrible hiver.

L'ébranlement général et la suspension complète des affaires amenèrent une baisse considérable sur tous les prix. La fonte tomba de 83 à 48 shillings la tonne, les cotons filés et tissés perdirent de 18 à 24 pour 100, et il en fut de même pour la plupart des marchandises. Les pertes de tous les fabricans furent énormes. Il fallut restreindre la production et renvoyer les ouvriers. L'industrie sidérurgique principalement souffrit beaucoup. Plus de 120 hauts-fourneaux furent mis hors feu, et par suite 40,000 ouvriers se trouvèrent sans ouvrage. À Manchester, à Birmingham, on ne travailla qu'à *short time*, c'est-à-dire 36 heures par semaine. La diminution forcée des salaires traîna après elle son triste cortège de misères : coalitions, émeutes, extension rapide du paupérisme.

Émile de Laveleye

De septembre 1857 à février 1858, on compta 207 grandes faillites avec un passif d'environ 1 milliard 1/2. En Angleterre, beaucoup moins de maisons s'écroulèrent qu'en Amérique, mais relativement les pertes définitives furent plus grandes. Tandis que là-bas l'Union se releva bientôt avec toute la vigueur et l'élasticité de la jeunesse, comme un vaillant navire qui, la tempête passée, se redresse sur la vague et reprend sa course rapide, ici la mère-patrie, semblable à un puissant trois-ponts dont les lames ont emporté les agrès et fatigué la carène, ne se remit que lentement de la secousse qui avait ruiné son crédit et ébranlé ses industries. Pendant tout le printemps de 1858, le travail languit. Ce ne fut que vers la fin de l'année que les affaires reprirent leur activité accoutumée.

Après avoir ainsi dévasté l'Angleterre, la crise s'abattit sur le continent. La France, qui reçut le premier choc, résista admirablement. Son immense circulation métallique, la plus grande du monde, les allures prudentes du commerce, les usages des banques, qui ne favorisent point les crédits à long terme, telles sont les causes principales qui lui permirent de tenir tête à l'orage sans de trop grands désastres. Néanmoins l'encaisse métallique de la Banque diminua rapidement : à la fin de novembre, il était descendu à 73 millions pour 554 millions de billets.[1] Le taux de l'escompte à Paris fut porté successivement, comme à Londres, à 7 1/2 en octobre, à 8, 9 et enfin à 10 pour 100 en novembre. Jamais on ne l'avait vu aussi haut, car longtemps la Banque s'était fait un point d'honneur de le maintenir toujours au taux uniforme de 4 pour 100. Il y eut un moment de terreur. Quelques maisons fortement engagées avec l'Amérique succombèrent. Des adresses furent même envoyées d'Orléans et du Havre réclamant le cours forcé des billets. Beaucoup d'industries souffrirent, l'activité fut partout fortement déprimée ; mais il ne se produisit rien de comparable à ce qui s'était vu de l'autre côté du détroit. À la fin de décembre, l'encaisse s'étant relevé à 90 millions, l'escompte fut ramené à 5 pour 100.

L'Allemagne, Hambourg et les trois états Scandinaves furent bien plus maltraités. Hambourg est, comme on sait, l'un des

---

1 Les comptes-rendus de la Banque de France nous apprennent qu'en 1855, 1856 et 1857 elle acheta pour 1 milliard 377 millions de francs de lingots, pour lesquels elle dut payer 15 millions 893,000 francs de primes.

Le money-market en Angleterre depuis cinquante ans.

principaux ports du monde. C'est par l'Elbe que se font en très grande partie les échanges de l'Europe centrale avec l'Angleterre, le Nord et les pays d'outre-mer. La valeur de ses exportations et de ses importations était montée en 1856 à 1,268,305,810 marks banco.[1] Dans les dix premiers mois de 1857, la spéculation avait accumulé dans les magasins des quantités énormes de denrées coloniales achetées à des prix d'un tiers plus élevés que d'ordinaire. Hambourg était non-seulement une très importante place de commerce, c'était aussi une vaste banque qui se chargeait de la négociation et du recouvrement de toutes les traites du nord Scandinave. Pour faire face à ces immenses opérations, beaucoup de capitalistes et de commissionnaires avaient recours au dangereux expédient du crédit fictif fondé sur du papier de complaisance. La situation du marché était donc déjà critique. Le terrain était miné, et un ébranlement un peu sérieux devait suffire pour causer les plus graves catastrophes. La crise éclata quand elle diminuait déjà d'intensité à Londres, après la suspension de l'*act* de 1844. La faillite d'une maison établie en Angleterre, et qui faisait de grandes affaires avec tout le Nord, produisit le premier choc ; la secousse fut terrible. En moins d'une semaine, la situation sembla désespérée : on ne comptait plus les banqueroutes ; tout le monde était devenu insolvable. On essaya de tous les moyens pour rétablir le crédit ébranlé, sans pouvoir y réussir ; association pour l'escompte, prêts en bons d'état sur marchandises, nomination d'administrateurs pour les maisons embarrassées, rien ne parvint à calmer la panique. Pendant quinze jours, on eût dit une ville prise d'assaut. Enfin le salut arriva d'où certes on n'aurait pas dû l'attendre, de l'Autriche, réduite elle-même depuis si longtemps à l'extrémité du papier-monnaie ; mais précisément parce qu'elle n'était pas tenue au remboursement de ses billets à cours forcé, elle pouvait se passer de son métal, et elle prêta à Hambourg 10 millions de marks banco, qu'elle envoya par un train spécial aussi richement chargé qu'un galion du Mexique. Cet argent fut employé à faire des avances aux principales maisons qui allaient succomber, et dès ce moment la confiance revint un peu. Déjà, à la fin de décembre, l'escompte était ramené au taux habituel. Quand on fit le relevé des désastres occasionnés par la crise, on trouva 145 faillites avec un passif de près d'un demi-milliard de francs, dont une grande partie, il est vrai, fut payée

1 Le mark banco vaut 1 franc 87 centimes.

Émile de Laveleye

plus tard. Par le contre-coup, tout le nord Scandinave fut secoué et ravagé, et maintenant encore on ne s'y rappelle qu'en frémissant la terrible année 1857. À Copenhague, à Stockholm, à Christiania, dans le Slesvig-Holstein, les banqueroutes furent relativement aussi nombreuses qu'à Hambourg. Dans le Danemark seul, on en compta 200, dont 77 pour Copenhague. La plupart des villes de l'Allemagne, Leipzig, Stettin, Berlin, Magdebourg, Stuttgart, Cologne, et les villes du nord de l'Italie en relations habituelles avec l'Allemagne, Turin, Milan, Venise, eurent aussi à traverser de rudes épreuves. Partout éclataient les faillites, suivies de pertes, de ruines et de suicides. Les conséquences de l'ébranlement des grands marchés de Londres et de Hambourg se firent sentir jusque dans l'autre hémisphère. Dans l'Amérique du Sud, à Rio de Janeiro, à Buenos-Ayres, à Valparaiso, à Guayaquil, et jusque dans les îles de la Sonde, à Batavia et à Singapore, beaucoup de maisons succombèrent avec des passifs plus ou moins considérables.

La crise de 1857 fut surtout remarquable par sa généralité, car il n'y eut pour ainsi dire aucune partie du globe qui y échappa. Elle montre combien le lien commercial qui réunit tous les peuples est devenu intime par suite de la facilité des échanges et des communications, par suite aussi de l'extension du crédit, qui ne craint plus de s'aventurer jusqu'aux antipodes. Elle prouve manifestement que désormais, pour le bien et pour le mal, dans la prospérité et dans l'adversité, les nations deviennent réellement solidaires. Saint Paul, dans une sublime image, a dit que tous les hommes ne forment qu'un corps, et les philanthropes se sont toujours plu à parler de la grande famille humaine. Ces expressions cessent d'être, dans l'ordre économique du moins, de pures métaphores ; elles commencent à traduire tout simplement la réalité. Qu'à l'autre bout du monde un engorgement se produise pour la circulation, que de l'autre côté de l'Atlantique la guerre civile éclate, et les peuples européens ne tardent pas à ressentir le contre-coup de ces accidens locaux. Ils s'en aperçoivent à des signes que nul ne peut méconnaître et dont tout le monde pâtit : la rareté de l'argent et la baisse de toutes les valeurs. Dans l'exposé que nous venons de faire des principales crises, nous n'avons peut-être pas évité une certaine monotonie ; mais cette monotonie même porte une instruction précieuse avec elle, car le retour constant des mêmes circonstances prouve que nous sommes ici en présence d'un de ces enchaînemens de cause à effet que l'on a appelés lois économiques, lois bien différentes toutefois des lois physiques, attendu qu'étant le résultat de faits humains, elles restent soumises au libre arbitre de l'homme, qui peut les modifier, les corriger par plus de science ou plus de sagesse. Il reste à découvrir maintenant la loi qu'on croit entrevoir sous les incidens divers de l'histoire des crises ; mais ce côté du sujet mérite d'être étudié à part.

Émile de Laveleye

La fuite de l'argent et la hausse de l'escompte

I

L'histoire du *money-market* depuis cinquante ans le montre bouleversé presque périodiquement par des perturbations qui font penser aux ouragans du monde physique ou aux convulsions du corps humain.[1] L'expérience toute récente de l'année qui vient de finir nous a prouvé que le marché monétaire est sujet aussi à un autre genre de trouble qui ressemble plutôt à une maladie de langueur. Aux crises aiguës succèdent les crises lentes et continues, aux ébranlemens violons et subits les maux chroniques. Ces deux espèces de crises viennent-elles des mêmes causes, et ces causes, quelles sont-elles ? jusqu'à quel point peut-on prévenir le retour du fléau, et de quelle façon ?

Plusieurs moyens se présentent de résoudre ces questions. D'abord on pourrait chercher une solution dans les théories des principaux écrivains qui se sont occupés de la matière ; puis on essaierait, à la lumière des faits les mieux constatés, de contrôler, de rectifier, s'il le faut, les principes généraux, et d'arriver enfin à des conclusions appuyées sur l'étude du passé et pouvant même jusqu'à un certain point servir de guide pour l'avenir. Dans un livre remarquable à plus d'un titre, intitulé *du Crédit et des Banques*, un économiste connu des lecteurs de la *Revue*, et dont la science regrette la mort prématurée, M. Charles Coquelin, a exposé une théorie des crises qui a été fort goûtée, parce qu'elle venait à l'appui d'une thèse très en vogue, la liberté des banques. D'après M. Coquelin, toutes les crises commerciales et financières ont été amenées par une cause unique, le monopole accordé en France et en Angleterre à une banque privilégiée. Le remède était donc naturellement indiqué ; il suffisait d'appliquer ici encore la maxime favorite de l'école économique : « laissez faire, laissez passer, » et de proclamer la liberté de l'émission. Voici comment le monopole des banques privilégiées devra nécessairement produire des crises. Dans un pays qui s'enrichit, le capital créé chaque année par l'épargne cherche un placement rémunérateur ; il en trouverait un excellent dans l'escompte, c'est-à-dire dans des avances faites au moyen du crédit à l'industrie et au commerce, dont il favoriserait

---

1 Voyez la *Revue* du 1[er janvier].

ainsi la saine expansion ; mais la banque privilégiée envahit le marché et interdit à ces capitaux nouveaux la faculté de lui faire concurrence en se groupant sous la forme d'un établissement de crédit. Qu'en résulte-t-il ? C'est que ces capitaux condamnés à l'oisiveté vont, en attendant mieux, s'accumuler dans les caves de la banque privilégiée. Celle-ci, voyant sans cesse grossir son encaisse de la masse de ces dépôts, sur lesquels elle ne paie rien, en profite pour étendre, pour multiplier encore ses escomptes et grossir ses dividendes. D'autres capitaux particuliers sont rendus ainsi improductifs, d'où résultent de nouveaux dépôts et une plus grande extension de l'escompte. Cette facilité, de l'escompte surexcite toutes les industries ; d'autre part, la masse des capitaux disponibles en quête d'un placement s'accroît sans cesse. C'est alors que la richesse semble déborder ; l'or coule à flots ; on ne sait que faire de son argent ; il faut à tout prix en trouver l'emploi. Les projets, les entreprises de tout genre naissent en foule. Tout le monde souscrit avec fureur ; mais dès qu'il faut faire face aux versemens, on retire successivement les fonds déposés à la banque, où ils ne touchent aucun intérêt. L'encaisse diminue à vue d'œil. La banque continue à lancer des billets dans la circulation, mais ils sont bientôt présentés au remboursement. Effrayée enfin d'une situation qu'elle-même a créée, elle se décide à hausser brusquement le taux de l'escompte ou à en restreindre l'étendue. C'est le signal de la panique. La crise éclate, les faillites se succèdent, la débâcle est générale. Ainsi interdiction malavisée et injuste de fonder à volonté des établissemens de crédit, ce qui rend improductifs une masse de capitaux, excès de dépôts qu'aucun intérêt ne fixe et ne retient, enfin retrait de ces dépôts qui épuise l'encaisse métallique, de la banque privilégiée, voilà, suivant M. Coquelin, l'enchaînement de faits qui aboutit à des perturbations périodiques dans le monde des affaires. « Le change défavorable, ajoute-t-il, cette circonstance dont le parlement anglais s'est beaucoup occupé sans la bien comprendre, n'est point la cause déterminante des crises, car elle est plutôt un symptôme de prospérité croissante. »

Il n'est point surprenant que cette théorie ait rencontré de nombreuses et importantes adhésions. Elle est en elle-même très plausible, elle est irréprochable sous le rapport des principes abstraits, et la déduction des causes et des effets paraît très rigoureuse. Malheureusement elle ne concorde pas avec les faits, comme on va le voir. Si elle était exacte, le pays où le monopole d'une banque centrale est le plus exclusif devrait être le plus maltraité par les crises. Au contraire les pays où il y a beaucoup de banques et où l'on paie un intérêt aux déposans devrait échapper à ces orages, et enfin, dans les années de perturbation, les dépôts devraient être considérablement réduits. Or rien de tout cela n'est vrai, aucune de ces circonstances ne se réalise. Il est un pays où le monopole de la banque privilégiée est des plus absolus, c'est la France, et des trois grandes nations commerciales, c'est précisément la France qui a le moins souffert des crises. Il est une autre contrée où les banques sont plus nombreuses que partout ailleurs, et où elles paient un bon intérêt sur les dépôts qu'on leur confie. Cette contrée, ce sont les États-Unis. Or nulle part les crises n'ont été plus violentes, plus générales, plus brusques. Si le retrait des dépôts était la cause déterminante des crises en Angleterre, où on étudie depuis longtemps ce grave phénomène, les économistes, les hommes d'état, les enquêtes parlementaires auraient dû signaler cette remarquable circonstance. Comment se fait-il que nulle part il n'en soit question ? Un fait aussi important aurait-il donc passé inaperçu ? En aucune manière ; mais ce fait n'existe pas. Non-seulement les années de crise ne sont pas celles où la banque a conservé le moins de dépôts, mais on voit fréquemment les dépôts augmenter au moment même où la tempête financière se déchaîne avec le plus de fureur. Quelques chiffres vont le prouver.

En 1825, année de crise terrible, la moyenne annuelle des dépôts a été plus élevée que durant les années précédentes ; elle a été de 2,600,000 livres sterling contre 2,300,000 en 1824 et 1823, et 1,300,000 livres en 1822 et 1821. En 1845 et 1846, époque où le capital était surabondant et où, suivant M. Coquelin, il aurait dû s'accumuler dans les caisses de la Banque, les dépôts flottent entre 13 et 24 millions. En janvier 1847, ils montent encore à 17 millions. Au mois d'avril, ils s'abaissent un instant à 11 millions ; mais bientôt ils se relèvent, et au plus fort de la débâcle, en octobre, ils atteignent 17 millions. Quand on suit de mois en mois le mouvement des dépôts, on les voit fléchir parfois à l'instant où se font de grands envois de métaux précieux à l'étranger ; mais rien, absolument rien n'indique un retrait successif, continu, qui mette la Banque dans

La fuite de l'argent et la hausse de l'escompte.

l'embarras et qui occasionne une crise. Il n'y a pas trace non plus de cette relation intime entre la dépression de l'encaisse et le retrait des dépôts. Ainsi, en janvier 1847, les dépôts montent à 17 millions et l'encaisse à 14. Au commencement d'octobre de la même année, quand l'encaisse est au plus bas et qu'il est tombé à 8 millions, nous trouvons les dépôts au même chiffre qu'en janvier, à 17 millions. Les années qui précèdent la grande crise de 1857 offrent des chiffres non moins concluans. Les dépôts montent à 20 millions en 1850 et retombent à 13 en 1851, sans que le mouvement des affaires s'en ressente en aucune façon. En 1854, il se produit une oscillation considérable, de 22 à 12 millions ; elle n'occasionne aucune perturbation. En 1856, les dépôts flottent de 14 à 18 millions. En 1857, année désastreuse entre toutes, aucun retrait de quelque importance ne se remarque. En novembre, quand la gêne est à son comble, lorsqu'il faut se résoudre à suspendre l'*act* de 1844 en présence d'un encaisse réduit à 6 millions, les dépôts montent à 18, à 19, et le 25 du terrible mois à 20 millions. Ces faits significatifs nous expliquent pourquoi les documens anglais ne citent pas le retrait des dépôts parmi les causes qui déterminent les crises : c'est qu'il n'y a aucun rapport entre la fluctuation des dépôts et les perturbations commerciales. Le seul pays où le retrait des dépôts ait aggravé le mal, c'est l'Union américaine en 1857, précisément, semble-t-il, parce que là des banques très nombreuses paient un bon intérêt pour les sommes qu'on leur confie. Il en résulte que les dépôts prennent des proportions énormes, et comme ces banques n'inspirent pas une entière confiance, on retire l'argent quand on les croit menacées. En Angleterre, où la Banque jouit d'une confiance absolue, on constate un phénomène contraire. On y dépose ses capitaux dans les temps difficiles, lorsqu'on se défie de tout placement définitif. C'est donc en méconnaissant les données les plus incontestables qu'on a soutenu que les tourmentes financières étaient occasionnées par le monopole des banques privilégiées, et qu'on a préconisé la liberté d'émission des billets comme le meilleur moyen d'en prévenir le retour. Il ne manque peut-être point de bonnes raisons à faire valoir pour attaquer le monopole et pour réclamer la liberté en cette matière ; mais on doit, semble-t-il, renoncer à en chercher dans l'histoire des crises.[1]

1 Nous ne voulons pas soulever incidemment la question des banques, qui a été traitée récemment ici même dans de remarquables études, et ailleurs encore, dans le

Émile de Laveleye

Un économiste allemand aussi distingué par la netteté de ses aperçus que par le mérite du style, M. Max Wirth, dans le livre où il raconte si bien l'histoire des crises, arrive à en attribuer l'origine à la rupture de l'équilibre entre la production et la consommation, et cette opinion a été partagée par plusieurs économistes français.[1] Voici comment ces écrivains expliquent la naissance et le développement de ces troubles profonds qui de temps à autre désolent le monde des affaires. À mesure qu'une nation s'enrichit et que l'aisance se répand, les besoins de la consommation augmentent. Il en résulte que le prix de certains produits s'élève. Ceux qui sont chargés de les créer ou de les importer font alors de grands bénéfices : Ces bénéfices exceptionnels attirent les capitaux, qui se portent à l'envi dans la même branche de la production. La spéculation et l'agiotage impriment à ces opérations une activité anormale. Nul ne s'inquiète plus de l'étendue des débouchés, parce que tout le monde gagne de l'argent ; mais bientôt le marché est encombré, l'excès de la concurrence amène un engorgement, un *glut*. L'offre des produits dépasse la demande. Dès lors il y a révulsion : les prix tombent aussi rapidement qu'ils ont monté ; les pertes qui en découlent entraînent des ruines, des faillites. Et comme toutes les industries se tiennent, le mal se répercute, la chute des uns entraîne celle des autres, enfin l'ébranlement se communique au monde entier des affaires.

Si l'on veut bien se rappeler l'histoire des principales crises, on n'aura point de peine à se convaincre que cette théorie est insuffisante pour expliquer ces grandes convulsions qui

livre si complet que M. Wolowski vient de consacrer à cette matière. Un mot toutefois en passant. On pourrait peut-être invoquer en faveur de la liberté des banques un argument assez piquant, parce qu'il serait tout l'opposé de celui que font valoir les partisans de cette liberté. L'expérience comparée de la Belgique et de la Suisse montre que la multiplicité des banques a plutôt pour effet de limiter la circulation fiduciaire, ce qui oblige de conserver plus de monnaie métallique. Dans ce cas, le reproche qu'on pourrait adresser aux banques privilégiées serait, non, comme le prétendent leurs adversaires, de mal remplir leur office, mais au contraire, par la confiance illimitée qu'elles méritent, de permettre d'opérer les échanges avec trop d'économie, c'est-à-dire avec trop peu de numéraire. Les banques libres, inspirant plus de défiance, seraient préférables, parce qu'elles seraient moins efficaces comme agens d'émission, et elles seraient d'autant plus utiles qu'elles seraient plus impuissantes sous ce dernier rapport.

1 Entre autres par M. Joseph Garnier, qui l'expose, dans ses *Elémens d'Économie politique.*

La fuite de l'argent et la hausse de l'escompte.

subitement atteignent toutes les industries, toutes les valeurs, toutes les transactions. Elle peut tout au plus rendre compte de ces difficultés momentanées qui se produisent parfois dans certaines branches d'industrie auxquelles on a imprimé un élan désordonné. Les économistes s'accordent à ne pas admettre un excès général de production, parce que, dans ce cas, tous les produits s'échangeraient, comme avant, les uns contre les autres, avec cette différence que chacun en aurait davantage. Il ne peut donc y avoir surabondance que sur un ou deux points du marché. A-t-on fabriqué trop de coton, trop de fer, trop de soieries, ces industries subiront des pertes ; mais il est impossible que ces fausses opérations épuisent l'encaisse des banques, tuent le crédit et portent le trouble dans tout le mécanisme de la circulation. Il est trop évident, pour qui les a étudiées, que ni la crise de 1847, ni surtout celle de 1857, qui a ébranlé les deux hémisphères, ne peuvent être attribuées à un *glut*, à un encombrement de marchandises, c'est-à-dire à l'activité exagérée de telle ou telle industrie.

Lorsqu'après avoir examiné les vues parfois ingénieuses des économistes du continent, on aborde l'étude des écrits publiés en Angleterre sur la même question, on s'aperçoit aussitôt qu'ici on a vu de près et souvent la marche du terrible phénomène. On sait comment il naît, comment il se développe ; les faits sont bien constatés et généralement connus. Nul n'hésite à voir dans les crises ce qu'elles sont réellement, un dérangement profond du mécanisme de l'échange. La fuite de l'or, la raréfaction de l'agent métallique de la circulation, nécessairement accompagnées d'une contraction correspondante du crédit, telle est, personne ne le conteste, la cause déterminante, immédiate du mal ; mais d'où provient le trouble de la circulation ? pourquoi, à certains momens, l'agent des échanges fait-il défaut au point d'entraver subitement le mouvement général des affaires, et surtout comment empêcher le retour de ces désastreuses perturbations ? Sur ce point, l'accord cesse et les avis se divisent. Nous exposerons d'abord la manière de voir de Robert Peel et des autres promoteurs de l'*act* de 1844. D'après eux, l'origine première de toutes les crises résidait dans l'émission exagérée des billets de banque. Le prix de toutes les choses, disaient-ils, dépend du rapport qui existe entre la masse des échanges qu'il faut accomplir et la quantité d'instrumens de la circulation (*currenry*), or ou papier, qui peuvent servir à les opérer. Réduisez cette quantité, et les prix baissent ; augmentez-la, et les prix haussent. C'est là un principe élémentaire incontestable. Or les banques peuvent, dans d'assez larges limites et en très peu de temps, étendre l'agent de la circulation par l'émission de leurs billets, et amener ainsi une hausse factice de tous les prix. Cette faculté qu'elles possèdent. elles ne manquent pas d'en faire usage, et elles le font dans les circonstances les plus fâcheuses, précisément à l'heure même où la spéculation et la concurrence des acheteurs tendent à faire renchérir toutes les marchandises et toutes les valeurs. En ces momens-là, chacun veut étendre ses opérations : les uns s'efforcent de garder leur approvisionnement pour profiter de la hausse ; d'autres, pour le même motif, veulent augmenter leurs achats. Afin d'y parvenir, tous demandent des avances. Les banques y consentent ; elles accordent de plus grands crédits, et elles le font en étendant leur circulation fiduciaire. La *currency* s'accroît donc du même pas que la spéculation, d'où résulte nécessairement une hausse désordonnée de tous les prix. Comme conséquence immédiate, le numéraire métallique s'écoule, car chacune de ses unités a perdu de sa valeur. Tout est cher en Angleterre, tout ailleurs est resté relativement bon marché. Le capital en quête d'un placement émigrera donc vers les pays où il a conservé toute sa puissance, c'est-à-dire où il pourra acheter à de meilleures conditions. D'autre part, la cherté factice qui règne en Angleterre éloignera les commandes, les ordres de l'extérieur. La balance du commerce et par suite le change deviendront défavorables, et pour rétablir l'équilibre il sera nécessaire de faire à l'étranger de fortes remises métalliques qui produiront un vide sur le marché monétaire, qui atteindront le crédit, ébranleront la confiance et amèneront la crise. Le remède est donc indiqué par la cause même du mal qu'il s'agit de combattre. Puisque, de leur aveu, les banques ne restreignent pas leurs émissions de billets quand un change défavorable provoque l'exportation de l'or, il faut les y contraindre par la loi, afin d'arriver à ce résultat, que la circulation fiduciaire ne s'étende plus à l'avenir que dans la proportion où se serait accru un intermédiaire des échanges entièrement métallique. Tel est le but qu'on s'efforça d'atteindre par l'*act* de 1844.

On peut affirmer d'avance que cette théorie doit contenir

La fuite de l'argent et la hausse de l'escompte.

une grande part de vérité. Des hommes comme Robert Peel, Mac-Culloch, Norman, Loyd, Torrens, partant des principes élémentaires de la science et ayant suivi avec attention et dans tous leurs détails les fluctuations du marché monétaire et commercial, ne pouvaient se tromper complètement. Il est hors de doute qu'ils ont exactement décrit les symptômes des crises. En étudiant l'enchaînement des causes et des effets qui les produisent, ils ont vu très clair jusqu'à un certain point ; mais au-delà, quand ils ont voulu déterminer l'origine première de la série des conséquences qui en découlent, ont-ils pénétré assez avant, ont-ils embrassé la question dans toute son étendue, et en considérant comme principale une circonstance accessoire, ne sont-ils pas arrivés à indiquer comme souverain un remède nécessairement insuffisant ? Voilà ce qu'a soutenu le consciencieux auteur de l'*Histoire des Prix*, M. Tooke, et, il faut bien l'avouer, les événemens ont confirmé plusieurs de ses objections. L'*act* de 1844 n'a empêché ni la crise de 1847 ni celle plus sérieuse encore de 1857.

M. Tooke affirmait d'abord que l'émission des billets de banque n'a point pour effet d'élever les prix, parce qu'ils remplacent les effets de commerce, et qu'ainsi ils ne pénètrent pas assez avant dans la circulation pour agir de la même façon que le ferait un accroissement de monnaie métallique. Ce point de théorie est encore incomplètement éclairci. Cependant M. Stuart Mill entre autres y a jeté assez de lumières[1] pour qu'on puisse dire que l'opinion de Tooke ne doit être admise qu'avec infiniment de réserve et pour certains cas seulement. Quoi qu'il en soit de cette difficulté, Tooke a du moins clairement démontré que les crises ne proviennent point d'un excès dans l'émission des billets. Ce qui avait fait naître cette manière de voir, c'étaient principalement les fluctuations du marché monétaire en 1824 et 1825, en 1836 et 1837. Or Tooke a montré que l'histoire financière de ces années ne confirmait pas du tout l'appréciation de Robert Peel à ce sujet.

Depuis la reprise des paiemens en espèces, la circulation fiduciaire de la Banque d'Angleterre s'était élevée en moyenne à 19 ou 20 millions sterling. Au commencement de 1823, elle était de 18,392,240 livres avec un encaisse d'environ 10 millions. En 1824, quand se déclara la fièvre de spéculation qui devait

1 Voyez ses *Principes d'Économie politique*, liv. III, ch. 4.

Émile de Laveleye

amener la fameuse débâcle, la circulation des billets montait à 19 millions de livres ; mais comme d'autre part l'encaisse s'était élevé au chiffre énorme de 14 millions, cette insignifiante augmentation des *notes* était parfaitement justifiée. En octobre, quoique l'encaisse métallique fût tombé à 11,600,000 livres, on ne peut pas dire que l'émission était exagérée, puisqu'elle était restée au chiffre de 19 millions, et qu'ainsi elle n'allait pas même au double de l'encaisse, tandis qu'on admet qu'elle peut s'étendre sans danger jusqu'au triple. Les banques provinciales furent moins réservées que la Banque d'Angleterre ; mais leurs émissions, dont on ne connaît pas exactement le total, et qui ont été, d'après Tooke, très exagérées par leurs adversaires, n'eurent point lieu au moment de la grande expansion du commerce et de l'industrie qui amena plus tard la catastrophe. Toutefois, si la surabondance de la circulation fiduciaire ne fut pas la cause première de la crise, il est certain que la Banque contribua, nul ne le conteste, à l'aggraver quand déjà l'ébranlement était devenu inévitable. Au lieu d'élever à temps le taux de l'intérêt et de restreindre ses avances, elle fit tout le contraire,[1] sous prétexte de venir au secours du commerce, lorsque déjà son encaisse, fondant à vue d'œil, aurait dû lui imposer plus de prudence. C'est à partir d'octobre 1824 qu'il lui aurait fallu déjà prendre des mesures de précaution en prévision de la tempête qui approchait visiblement. Tous s'accordent à lui reprocher son inertie, sa passivité absolue, jusqu'à l'instant où, enveloppée dans la tempête qui ébranlait tout autour d'elle, elle en vint à demander au gouvernement l'autorisation éventuelle d'une nouvelle suspension de ses paiemens en numéraire, ce qui lui fut refusé. En résumé, s'il est vrai que la Banque en 1825 a contribué à aggraver la crise, il est certain aussi que ce n'est pas l'excès de ses émissions qui l'a provoquée. On peut en dire autant pour les années 1835, 36 et 39. La Banque a commis les mêmes fautes, elle n'a point, quand il le fallait, élevé l'intérêt et restreint ses avances ; mais elle a si peu amené les embarras du marché monétaire par sa circulation fiduciaire que le tableau mensuel qui en indique le chiffre permet de constater que

---

1 En février 1825, quand l'encaisse n'était déjà plus que de 8 millions, la Banque augmenta sa circulation fiduciaire d'un million, et ses avances sur valeurs de 6 millions. La nécessité peut autoriser une banque à étendre ses émissions et ses escomptes au plus fort de la crise ; mais, comme nous le prouverons, elle doit toujours élever le taux de l'intérêt quand l'horizon devient menaçant.

La fuite de l'argent et la hausse de l'escompte.

celui-ci est resté, à peu près invariable de 1834 à 1838, oscillant à peine de 17 à 18 millions. Pendant la même période, les émissions des banques provinciales ne s'écartent presque point non plus d'un maximum de 11 millions et d'un minimum de 10 millions. Quant aux deux grandes tourmentes de 1847 et 1857, elles forment, on l'a vu, le plus fort argument des adversaires du système de Robert Peel. Comme elles se sont produites sous l'empire de la législation restrictive de 1844, il est certain qu'on ne peut en accuser cette fois l'excès d'émission.

Dans son grand ouvrage d'économie politique, M. Stuart Mill a émis au sujet des crises commerciales quelques vues qui, comme toutes celles qui émanent de cet éminent écrivain, se distinguent par la profondeur et l'originalité. Suivant lui, les crises accompagnent presque nécessairement le progrès de la richesse chez une nation dont la puissance productive augmente rapidement, et voici pourquoi. Dans tout pays, l'accumulation des capitaux est bornée par le taux des profits qu'ils donnent. Quand ce taux descend très bas par la concurrence des fonds qui cherchent un placement et qui n'en trouvent plus, l'accumulation cesse, parce que l'épargne n'est plus encouragée par la rente qu'elle procure. Dans un pays comme l'Angleterre, où le nombre des personnes riches est considérable et où le produit net annuel est énorme, on se rapproche de temps en temps de ce taux *minimum* au-dessous duquel cesserait toute épargne nouvelle. Lorsque quelques années se sont écoulées sans grandes perturbations, il y a tant de capitaux cherchant un emploi qu'il n'est presque plus possible de les placer d'une façon rémunératrice. Alors tous les titres haussent, l'escompte s'abaisse ; et de tous côtés on se plaint de ne plus rien gagner. Bientôt surgissent une foule d'entreprises qui promettent un intérêt plus élevé que les placemens ordinaires, et les capitalistes, ne sachant que faire de leur argent, souscrivent sans hésiter. C'est la période d'expansion, toujours suivie d'une période de révulsion, conséquence nécessaire des erreurs et des imprudences d'une spéculation effrénée. Cette révulsion, par les circonstances désastreuses qui l'accompagnent, — pertes, ruines, ventes forcées, chômage du travail industriel, — détruit une partie du capital surabondant. Un nouveau mouvement ascensionnel recommence alors, car l'épargne est de nouveau stimulée par suite du vide qui s'est opéré sur le marché. Ainsi s'explique la périodicité des crises qui éclatent chaque fois que le capital s'est accumulé jusqu'à l'excès : elles opèrent comme une saignée ou un exutoire sur un corps gonflé de sang jusqu'à l'apoplexie.[1] Sans doute cette théorie de M. Mill rend bien compte d'une des causes qui, en fait, ont contribué à la naissance de certaines crises ; mais aussi longtemps que le capital anglais peut trouver aux colonies et à l'étranger un placement avantageux, nous ne pouvons admettre qu'il surabonde jamais au point de rendre une tourmente financière inévitable, et en tout cas l'histoire du *money-market* en 1847 et 1857 est loin de pouvoir servir de base à l'opinion de l'éminent économiste anglais.

II

Nous venons d'examiner les différens systèmes proposés pour expliquer les crises ; essayons maintenant d'en démêler les causes en suivant simplement l'indication des faits.

Il est une circonstance qui invariablement précède toutes les grandes perturbations commerciales, c'est l'exportation des métaux précieux et la dépression de l'encaisse des banques qui en résulte. Chacun de ces événemens a sa physionomie particulière et ses caractères distinctifs, mais chaque fois on remarque le même symptôme précurseur : le change devient défavorable, l'or s'écoule. On est donc forcément conduit à y voir la cause déterminante du mal. Mais, dira-t-on, que peut faire l'exportation de 200 à 300 millions de numéraire à une nation qui, comme l'Angleterre, fait une économie annuelle de 2 ou 3 milliards, et dont la richesse mobilière seule doit dépasser 50 milliards ? L'économie politique n'enseigne-t-elle pas que les métaux précieux sont une marchandise comme une autre, et qu'il est très profitable de les exporter pour remplacer ce capital improductif, la monnaie, par d'autres valeurs qui procurent des revenus ou des jouissances ? Pour faire comprendre comment l'exportation d'une quantité d'or absolument insignifiante relativement à l'ensemble de la richesse nationale peut entraver la marche des affaires et y produire le

---

1 Si cette opinion de M. Mill était juste, il en résulterait que ce n'est point l'accumulation du capital qui pourrait émanciper définitivement les classes inférieures, comme le disent la plupart des économistes, cette accumulation atteignant assez vite sa limite extrême.

La fuite de l'argent et la hausse de l'escompte.

trouble le plus profond, il est indispensable de rappeler en quelques mots le mécanisme des échanges.

L'échange est le fondement de la société économique dès l'instant où chacun ne produit plus lui-même tout ce dont il a besoin. À mesure que la division du travail s'applique aux différens groupes de métiers, aux différentes provinces d'un royaume, enfin aux différentes nations, l'échange joue un rôle plus important, et le jour où les échanges seraient suspendus, ne fût-ce que momentanément, la moitié des hommes périraient. Or, pour opérer cette masse d'échanges qui entretient la vie des peuples civilisés, ceux-ci ont eu recours à un *intermédiaire* qui est la monnaie. À un moment donné, la quantité d'unités monétaires nécessaires à un pays est parfaitement déterminée : elle dépend de la quantité d'échanges à faire, comme le nombre des véhicules qui sont indispensables dépend de la masse des marchandises à transporter. Si un certain nombre de véhicules manquent, les transports seront en retard ; si les unités monétaires font défaut, les échanges languiront, et l'ordre économique sera troublé. Il est vrai qu'on peut remplacer les unités monétaires d'or ou d'argent par d'autres unités du même nom faites en papier ; mais ces unités ne conserveront leur qualité de bon intermédiaire des échanges qu'à la condition de ne pas être émises au-delà du besoin qu'on en a, et pour arriver à conserver cette juste proportion on ne connaît pas d'autre moyen que de les faire rembourser à vue par l'institution qui les a lancées dans la circulation. Une certaine quantité de monnaie métallique est donc toujours nécessaire comme base et régulateur de la monnaie de papier. Il est encore vrai qu'on a trouvé un expédient plus simple et plus puissant que la monnaie de papier, c'est le crédit sous ses formes diverses : promesses, billets à ordre, chèques, lettres de change, *warrants*, comptes-courans et autres combinaisons du même genre. Si tous les habitans d'un pays se connaissaient, étaient honnêtes et avaient confiance dans leur solvabilité réciproque, on pourrait à la rigueur opérer tous les échanges intérieurs par la simple intervention du crédit, sans monnaie d'aucune sorte. Dans l'état actuel, on a recours aux effets de commerce appuyés par l'escompte sur les billets de banque, lesquels s'appuient à leur tour sur le fonds solide du numéraire métallique. À mesure que les bonnes habitudes commerciales se répandent dans un pays, il

Émile de Laveleye

parvient à réduire la quantité d'or et d'argent dont il a besoin, à ce point qu'enfin tout un merveilleux et gigantesque échafaudage d'instrumens de crédit repose sur un fondement métallique extrêmement exigu. Or c'est précisément là qu'en est arrivée l'Angleterre. Le but constant du commerce anglais a été de mener à bien beaucoup d'affaires avec peu d'argent, et ce but, il a su l'atteindre. Le savant collaborateur de Tooke, M. Newmarch, décrit parfaitement le mécanisme qui a été mis en œuvre, quand il dit que l'or est la monnaie *divisionnaire* du billet de banque, comme le billet de banque l'est du chèque, le chèque de la lettre de change, et la lettre de change des viremens de parties et des comptes-courans ; Chacun de ces moyens d'échange complète le suivant, et tous s'enchaînent les uns aux autres, s'engrènent les uns dans les autres, de telle façon que le premier est nécessaire au second, le second au troisième, et ainsi de suite. On ne peut trop admirer ces ingénieuses créations de l'esprit humain appliqué aux affaires, mais elles offrent un inconvénient qui est précisément de donner lieu aux crises, et voici comment.

L'Angleterre fait avec le monde entier un commerce immense, qui depuis longtemps déjà se chiffre par milliards. Comprenant les avantages de la division du travail, elle se procure une grande partie des denrées qu'elle consomme en s'appliquant à créer les produits qu'elle fabrique le plus économiquement. Elle s'est transformée ainsi en un vaste atelier, en une cité industrielle qui tire du dehors ses matières premières et ses denrées alimentaires, qu'elle paie avec ses marchandises manufacturées. Ces vastes échanges s'opèrent aussi au moyen d'un instrument de crédit généralement employé, la lettre de change. Pour tous les produits qu'elle vend aux nations étrangères, elle émet des traites sur celles-ci, et elle fait tirer sur elle pour tout le montant de ce qu'elle a acheté. Si elle a autant vendu qu'acheté, toutes ses créances compenseront toutes ses dettes. Dans ses comptes-courans avec l'univers, le doit et l'avoir se balanceront ; mais si elle a plus acheté que vendu, et si par suite, toutes les dettes et créances compensées, elle reste devoir un solde à l'étranger, comment fera-t-elle pour le payer ? Elle ne peut se libérer au moyen de la monnaie divisionnaire de la lettre de change, le billet de banque, car cet agent de la circulation intérieure n'a pas cours sur le marché extérieur. Il ne restera donc

La fuite de l'argent et la hausse de l'escompte.

qu'à envoyer des métaux précieux qui sont reçus partout, et en effet, jusqu'à ce que toute dette soit payée et la balance rétablie, l'or s'écoulera hors du pays. Cette nécessité d'envoyer du numéraire à l'étranger se manifestera par le change, qui deviendra défavorable à l'Angleterre. Rien n'est plus facile à comprendre. L'Angleterre ayant plus importé qu'exporté, le montant des traites sur Londres dépassera le montant de celles que cette place aura émises sur l'étranger. Les premières de ces traites, étant trop nombreuses, seront plus offertes que demandées ; donc elles baisseront de prix. Ainsi une traite de cent livres sterling tirée de Calcutta sur Londres ne se vendra pas l'équivalent de cette somme, il y aura perte ; mais si cette perte dépasse les frais nécessaires pour transporter cent livres sterling en or, il y aura avantage à envoyer de l'or, et c'est ce qu'on fera aussi longtemps que le change, c'est-à-dire la valeur du papier payable à Londres, ne se relèvera pas.

Cet écoulement de l'or, s'il continue, aura de graves conséquences. En effet, nous avons vu que tout le système d'engrenage des instrumens de crédit, billets, chèques, lettres, *warrants*, viremens, comptes-courans, s'appuyait sur une base métallique réduite au plus strict nécessaire. Si ce fondement solide est entamé, affaibli, tout le mécanisme menace de se détraquer. La crainte seule d'une semblable catastrophe agit sur les esprits et diminue la confiance. Moins de confiance signifie moins de crédit, et moins de crédit se traduit par ralentissement et suspension des échanges, puisque ceux-ci se font au moyen du crédit. En outre l'or qu'on envoie à l'étranger est puisé en grande partie dans l'encaisse de la banque régulatrice, qui est chargée d'en garder un grand approvisionnement à la disposition du public. Il s'ensuit que son encaisse diminue et qu'elle est obligée de réduire ses avances ou de marcher bravement à l'encontre d'une suspension des paiemens en espèces. De toute façon, ces rouages ingénieux, qui manœuvraient si bien en temps calme pour régler les transactions intérieures, s'arrêtent et cessent de rendre leur service accoutumé. Il en résulte alors pour le marché monétaire ou un embarras momentané, ou un trouble profond, ou une véritable crise, suivant la situation des affaires. Si le commerce ne doit pas faire face à trop d'engagemens, il traversera ces momens difficiles sans grands désastres ; mais s'il a beaucoup de versemens à opérer, s'il a beaucoup d'obligations à remplir, si la spéculation a beaucoup acheté à terme, alors il y aura une véritable crise, qui peut causer les plus terribles ravages, comme on l'a vu en 1825, 1847 et 1857. Tous ceux qui, pour remplir leurs engagemens, comptaient sur le secours du crédit sont maintenant obligés, afin de se procurer la seule chose qui puisse les libérer, de l'or ou des billets de banque, de vendre à perte leurs actions, leurs marchandises, leurs titres de toute nature. Celui qui a de l'argent comptant est le maître du marché, car il tient ce que tout le monde désire, ce qui est rare et cher. Quand les réalisations forcées se font sur une grande échelle, elles dépriment tous les prix, d'où résultent des revers, des faillites, une suite de pertes retombant des uns sur les autres. La tourmente dure jusqu'à ce que l'or et la confiance reparaissent, remettant en mouvement le mécanisme si compliqué et si délicat de l'échange.

D'après cette analyse exacte des faits les mieux constatés, il est facile de se convaincre que les crises résultent d'un dérangement dans la balance du commerce extérieur, agissant sur un marché où il est très largement fait usage du crédit et très peu du numéraire. Tout pays qui fera de grandes affaires avec peu d'argent, et qui aura un vaste mouvement d'importations et d'exportations, sera exposé à ces perturbations économiques. C'est pourquoi nul n'en a plus souffert que l'Angleterre d'abord, l'Amérique ensuite. La France s'en est beaucoup moins ressentie, parce que jusqu'à présent elle faisait un usage restreint du crédit et qu'elle possédait une puissante circulation métallique ; mais depuis ces dernières années elle commence à éprouver les contre-coups des troubles du *money-market*, parce que sa circulation fiduciaire et son commerce extérieur ont à peu près doublé. Les pays du midi en ont été tout à fait préservés parce que relativement le commerce extérieur y était peu important et l'emploi du crédit presque nul. Hambourg, quoique ayant repoussé le billet de banque, a passé par de terribles épreuves, parce que son commerce extérieur est énorme, et que presque toutes ses opérations sont à terme. Plus un pays expulsera des canaux de la circulation les métaux précieux en les remplaçant par des instrumens de crédit, billets de banque, chèques, *warrants*, viremens de parties et chambres de liquidation (*clearing-houses*), plus en même temps il développera ses relations avec les nations étrangères, plus aussi il sera exposé au retour périodique des perturbations financières, car plus facilement une balance et un change défavorables ébranleront tout le mécanisme de l'échange, à moins que pour y parer on ne redouble de circonspection, de prudence et d'habileté dans la direction des établissemens de crédit.

Mais, ne manqueront pas d'objecter quelques économistes, expliquer ainsi les crises, c'est ressusciter les creuses chimères de l'école mercantile, la fameuse balance du commerce et la confusion du numéraire avec le capital, deux erreurs cent fois déjà réfutées ! Les élémens de la science montrent que l'argent est une marchandise qu'il n'est pas plus désavantageux d'exporter que du fer ou du coton. La quantité de numéraire qui circule importe peu, car s'il est rare, il haussera, et s'il est abondant, il baissera, de sorte qu'un écu dans le premier cas valant autant que deux écus dans le second, on fera exactement le même chiffre d'affaires avec une quantité de numéraire deux fois moindre, ce qui est évidemment un avantage. Loin donc de voir une circonstance fâcheuse dans ce que l'on appelait jadis une balance défavorable, c'est-à-dire un excès d'importation, il faut savoir y reconnaître une preuve de la prospérité croissante du pays qui importe plus qu'il n'exporte. Les crises ne proviennent point de la rareté du numéraire, mais de la rareté du capital, ce qui est tout autre chose, car ce que les emprunteurs désirent, ce sont en définitive des marchandises, des matières premières, des vivres pour faire travailler les ouvriers. Ainsi parleront la plupart des économistes, et cette opinion a été exposée notamment par M. Michel Chevalier dans son excellent livre sur la monnaie, et par M. Max Wirth dans son *Histoire des crises*. « C'est, dit M. Michel Chevalier, une fâcheuse confusion de croire que la monnaie est la même chose que le capital. Cette confusion se révèle par une locution qu'il est très commun d'entendre : on dit l'*argent est abondant* ou l'*argent est rare*, pour indiquer que l'homme industrieux qui cherche du capital a de la facilité ou de la peine à en obtenir. Les Anglais disent monnaie (*money*) comme nous disons argent, et ils appellent *money-market* ce qu'il faudrait nommer le marché au capital. » D'après M. Max Wirth, les crises de 1847 et de 1857 ont éclaté non parce qu'on manquait de numéraire, mais parce qu'on n'avait pas assez de tous les produits, fer, bois, denrées alimentaires, qu'exigeait la fondation de toutes les entreprises industrielles qu'on avait prétendu créer à la fois. Ces affirmations constituent ce que l'on appelle les saines doctrines : elles forment l'un des articles du *credo* économique, et qui les met en doute est par le fait même convaincu d'hérésie. La plupart des chapitres écrits sur la circulation monétaire ne sont que le développement de l'axiome fameux formulé par Turgot : « toute marchandise est monnaie, et toute monnaie est marchandise.[1]»

Cette théorie, qui paraît inattaquable au point de vue abstrait, est cependant, on ne peut le dissimuler, contredite par ce qui se passe chaque jour sous nos yeux. Il suffit de lire les correspondances financières pour voir l'extrême importance qu'on attache partout à l'abondance du numéraire. Les journaux américains et anglais, même des publications de pur agrément comme l'*Illustrated London News*, renferment une rubrique spéciale intitulée *money-market*, et la première chose qu'on y signale, c'est la quantité d'or arrivé de la Californie et de l'Australie par tel navire, ou le chiffre des métaux précieux enlevés par l'exportation. Les rédacteurs de ces bulletins, même ceux de la feuille qui fait autorité en cette matière, l'*Economist*, semblent tous sans exception pénétrés des erreurs de l'école mercantile. On dirait qu'ils ont fait leur éducation économique dans les livres d'il y a deux siècles. Les galions californiens sont-ils arrivés, les métaphores joyeuses naissent en foule sous leur plume. Ils annoncent que l'intérêt baisse, que l'escompte est facile, que toutes les valeurs trouvent des acheteurs, que les prix montent. Le télégraphe signale-t-il encore de nouveaux arrivages de métaux précieux, le monde des affaires est plein d'ardeur, plein de confiance. L'intérêt tombe à 3, à 2 1/2, à 2. Aussitôt toutes les entreprises existantes trouvent des facilités pour activer leurs travaux, et les nouvelles voient accourir les souscripteurs en foule. Que s'est-il passé ? Les capitaux, — c'est-à-dire, d'après les économistes, les marchandises, les denrées, —

1 Voyez, entre autres, le chapitre consacré à ce sujet dans le manuel classique de M. Joseph Garnier. Dans une publication récente, et dont M. Forcade a si clairement montré l'erreur fondamentale (*Revue* du 1ᵉʳ janvier), M. Isaac Pereire s'appuie également, pour attaquer le monopole de la Banque de France, sur ces axiomes économiques qu'il reproduit : « L'or et l'argent sont des marchandises comme tous les autres produits de l'industrie humaine. » — « Loin d'entraver la sortie de l'or ou de l'argent, on ne saurait trop l'encourager, etc. » — « L'élévation du taux de l'intérêt est sans influence sur l'abondance et la rareté du numéraire et réciproquement. » Autant de propositions démenties pur l'expérience journalière, surtout en temps de crise aiguë ou chronique.

La fuite de l'argent et la hausse de l'escompte.

se sont-ils subitement multipliés ? En aucune façon. Un seul fait s'est produit, celui que constate si volontiers le public : *l'argent est abondant*. Mais tout à coup le change devient contraire ; il faut envoyer du métal vers l'extrême Orient. Aussitôt une certaine inquiétude s'empare des esprits. Les bulletins financiers prennent un ton lugubre, l'aspect du marché s'assombrit ; à chaque navire qui part emportant le précieux agent de la circulation, on entend un cri d'alarme. L'intérêt monte, l'escompte se restreint, les prix s'affaissent ; on trouve difficilement à vendre, plus difficilement encore à emprunter. Il y a embarras, gêne, et si l'écoulement des métaux précieux continue et attaque fortement l'encaisse des banques, il y a crise. D'où vient ce changement si grave ? Les capitaux, marchandises et denrées, sont-ils donc plus rares ? Non, c'est seulement le numéraire qui fait défaut.

Il est trop évident que des fluctuations brusques et toujours en rapport avec l'exportation ou l'importation de l'argent, comme on en voit de si fréquentes depuis quelques années, ne peuvent être attribuées à la rareté ou à l'abondance des capitaux entendus au sens adopté par les économistes. D'ailleurs l'histoire des crises confirme de la manière la plus éclatante ce que nous enseigne l'expérience journalière : toutes ont été provoquées par l'exportation du numéraire et accompagnées de la diminution de la réserve métallique des banques ; toutes ont cessé avec le reflux de l'or soit vers les coffres des banques, soit directement dans les canaux de la circulation. En 1810, l'encaisse tombe en Angleterre à 3 millions, en 1825 à 1 million, en 1836 à 3 millions, en 1839 à 2, en 1845 à 8 et en 1857 à 6 millions. En 1810, l'or s'était écoulé pour payer des subsides aux armées alliées, en 1825 pour faire face aux emprunts et à l'exploitation des mines de l'Amérique espagnole, en 1836 et 1839 pour satisfaire aux besoins monétaires du continent et des États-Unis, en 1847 pour payer les importations de denrées alimentaires, en 1857 pour remplir les vides créés par la crise sur le marché de New-York. Pendant la même année, le naufrage du galion californien le *Central-America* détermine l'explosion finale à New-York, et l'arrivée du convoi chargé de l'argent autrichien met un terme aux désastres à Hambourg. En présence de tant de faits tous incontestables, tous concordans, il est impossible de ne pas concevoir quelques doutes sur la complète exactitude des axiomes économiques au sujet de la monnaie.

Cette contradiction entre la théorie et les faits est une grave difficulté, car, si l'on ne parvient pas à la résoudre, il faut renoncer à jamais rien comprendre aux problèmes de la circulation. Il est donc indispensable d'élucider, par une analyse sévère, cette question fondamentale, d'où dépend la solution des difficultés qui se rattachent à la gestion des banques, à l'émission des billets et aux crises. Il faut voir qui en définitive a raison, des hommes d'affaires qui ont les yeux obstinément fixés sur les fluctuations du *money-market*, ou des hommes de théorie suivant imperturbablement les déductions des principes abstraits. Entre la théorie et la pratique, on l'a dit avec raison, il ne peut y avoir de conflit réel. Si la théorie n'embrasse pas tous les faits, c'est qu'elle est incomplète. Quelques rectifications sont donc ici nécessaires, et on voudra bien nous permettre de les exposer, car sans elles il serait impossible de bien apprécier la valeur des remèdes indiqués pour prévenir les ravages causés par les crises.

D'abord il n'est pas exact de dire, comme on l'a trop répété depuis Turgot par réaction contre l'école mercantile, que la monnaie est une marchandise comme une autre. Cette proposition n'est vraie que si l'on considère le métal dont la monnaie est faite ; mais en tant qu'intermédiaire des échanges, elle a des caractères particulier qui la distinguent nettement de toutes les autres marchandises. Si le fer et le coton sont rares, ceux qui en ont besoin souffrent, mais cette rareté n'agit pas sur le prix des autres produits. Si au contraire la monnaie est rare, le prix de toutes les choses s'en ressent. Tout le monde a besoin d'échanger, c'est-à-dire de vendre et d'acheter ; si donc le moyen d'échanger vient à manquer où à se raréfier, tout le monde est gêné et toutes les transactions deviennent difficiles. De même que, lorsque l'eau baisse dans les rivières, les transports ne peuvent plus s'opérer, parce que les bateaux sont à sec, ainsi, quand la monnaie diminue ou fait défaut dans les canaux de la circulation, les produits ne peuvent plus passer que très difficilement d'une main dans une autre, faute de l'intermédiaire universel.[1] On est parvenu,

---

1 M. Michel Chevalier ne méconnaît-il pas ce caractère essentiel de la monnaie quand il dit : « Les hommes superficiels et le vulgaire s'écrient que l'argent est rare, parce que l'argent est la mesure du capital ; mais l'expression est inexacte et suscite une fausse idée : c'est à peu près comme si, quand le drap ou la toile de coton manque à une foire, on s'écriait : « Les mètres sont rares ? » Pour que la comparaison

dans les pays avancés en fait de commerce, à se passer de beaucoup de numéraire en le remplaçant par le crédit sous toutes ses formes ; mais, étant donnée la quantité d'unités monétaires qui sont encore indispensables, la rareté produit ici un embarras, et quelquefois même une crise générale. On dit, il est vrai, que quand la monnaie devient rare, chacune de ses unités, augmentant de valeur, opérera plus d'échanges ; mais nous touchons ici à l'erreur première qui a conduit à méconnaître l'évidence des faits. Cette proposition n'est exacte que si on considère un long espace de temps ; elle est fausse dans la plupart des cas et pour la grande majorité des transactions, parce que la monnaie est une marchandise tarifée, recevable en tout paiement et ayant seule l'éminent privilège d'éteindre toute dette au taux fixé par la loi. Ainsi je me suis obligé à payer 1,000 francs à terme ; si avant l'échéance le numéraire devient rare, il s'ensuivra que la valeur de chaque unité, de chaque franc, augmentera en raison de sa rareté. Si donc chaque franc vaut en réalité le double, je devrais pouvoir m'acquitter en versant 500 francs, qui représentent maintenant une valeur égale à 1,000 francs ; mais si, comme il arrive aujourd'hui, je dois me procurer 1,000 francs en vendant des marchandises, je perdrai la moitié sur la réalisation, car une hausse du numéraire se traduit par une baisse de tous les produits. Or, dans le monde des affaires, presque tous les producteurs, tous les commerçans, usant du crédit, ont ainsi des échéances à terme qu'ils espèrent remplir en vendant les marchandises qu'ils auront fabriquées ou qu'ils tiennent en magasin. Si l'argent se raréfie de moitié, ils seront obligés de donner deux fois plus de produits pour se procurer la somme qu'ils se sont engagés à livrer. Ceci montre bien comment la rareté du numéraire poussée à un certain point devient une calamité dans tout pays où le crédit est en usage, et pourquoi la perturbation est d'autant plus désastreuse qu'il y a plus d'opérations à terme, à crédit.

L'étude des crises fait voir manifestement que l'argent, marchandise de l'éminent économiste fût exacte, il faudrait que la monnaie ne fût, comme le mètre, qu'une mesure ; mais c'est un intermédiaire et un équivalent qu'il faut livrer à chaque transaction. Si les mètres étaient en or ou en argent, et si l'acheteur, après avoir mesuré le drap ou le coton, devait les livrer au vendeur, on comprendrait très bien qu'on pût en manquer. Quand chacun désire vendre ses produits et ne peut le faire faute d'argent ou de crédit appuyé sur de l'argent, ce qui fait défaut, ce n'est pas une commune mesure, toujours facile à trouver, mais l'équivalent métallique dont la rareté arrête les transactions en avilissant tous les prix.

Émile de Laveleye

tarifée et seule éteignant toute dette, n'est pas un produit comme
un autre. À Hambourg, en 1857, des négocians possédant des
millions de denrées coloniales furent mis en faillite pour des
obligations qui s'élevaient à peine à la moitié de leur actif, car ils
ne pouvaient s'acquitter envers leurs créanciers avec leurs denrées,
et celles-ci ne trouvaient pas d'acheteurs, parce que l'argent avait
disparu du marché. En 1825, en Angleterre, on vit vendre à 2
pour 100 de perte des bons de l'échiquier échéant le lendemain.
On payait ainsi la prime inouïe de 720 pour 100 d'intérêt par an,
afin d'obtenir de l'argent comptant. En France, en 1848, pour avoir
1,000 francs en monnaie d'or, l'on donnait 120 francs de prime,
tandis qu'on pouvait, en attendant huit jours, se procurer la même
somme à la Monnaie en payant les frais peu élevés du monnayage.
Un billet de banque à cours forcé sans nulle valeur intrinsèque sera
préféré alors à une valeur double en marchandises ou en traites,
parce qu'avec celles-ci on ne peut satisfaire ses engagemens, tandis
qu'on le peut au moyen du billet, intermédiaire légal des échanges.
Ainsi donc la monnaie a, comme agent tarifé de la circulation, des
caractères tout à fait exceptionnels, et la rareté seule de cet agent
suffit pour amener les crises.

Maintenant est-on plus fondé à prétendre que l'abondance
du numéraire n'a pas d'action sur l'intérêt, et qu'il faudrait dire
non le *money-market*, le marché de la monnaie, mais le marché
du capital, c'est-à-dire des produits ? L'étude des faits nous force
encore à voir ici une erreur. La remarque mise en avant, que les
emprunteurs désirent se procurer, en dernier résultat, des capitaux
disponibles, c'est-à-dire des denrées, des produits de toute nature
et non de l'or, cette remarque est très exacte ; mais comment
se procurera-t-on ces marchandises réparties de tous côtés ?
Évidemment en les achetant, et pour les acheter il faut d'abord
de la monnaie. Ce que l'emprunteur désire donc en premier
lieu, c'est de l'or. Aussi, avant de se présenter sur le marché des
produits, des capitaux-marchandises, où il ne trouverait pas assez
de crédit, il va d'abord au marché de l'argent, un *money-market*,
où il emprunte du numéraire. Et en effet c'est généralement sous
forme de monnaie, métal ou billets, que les avances se font. Si
le numéraire est abondant, l'emprunteur trouvera beaucoup de
gens disposés à lui en prêter, et à un taux peu élevé. La quantité

La fuite de l'argent et la hausse de l'escompte.

des capitaux-marchandises est indépendante de la quantité du numéraire et n'en tient point lieu. On voit très souvent qu'en moins de quinze jours les emprunteurs ont deux fois plus de peine à se faire accorder des avances, quoique la masse des capitaux-marchandises n'ait pas diminué : seulement le *money-market* est mal fourni. Les pièces d'or et d'argent ou leurs substituts, — les billets, — sont semblables à de petits véhicules qui servent à transporter les produits des mains de leurs détenteurs dans celles des entrepreneurs d'industrie. Pour autant qu'on n'ait pas appris à se servir de véhicules en papier, ceux en or et en argent sont indispensables. Il faut donc que les entrepreneurs s'en procurent à tout prix ; sinon, ils ne pourront commencer leurs travaux. C'est pour cela qu'ils se transportent au marché des véhicules d'or, afin d'en louer, et qu'ils se réjouissent quand des navires arrivant de Californie ou d'Australie en apportent des cargaisons, car, si ces petits wagons sont rares, ils devront payer très cher la faculté d'en faire usage, et s'ils sont abondans, ils pourront les louer à bas prix. Le *money-market* est donc le marché où se louent les véhicules de l'échange, et plus il s'en présente, moindre sera cette indemnité, appelée intérêt, qu'il faudra payer pour avoir la faculté de s'en servir. Une fois pourvu de ses moyens d'échange, qu'on lui loue plus ou moins cher, l'entrepreneur d'industrie, l'emprunteur se transporte sur le marché des capitaux-marchandises. Alors, si ceux-ci sont abondans, il les obtient à des prix avantageux ; s'ils sont rares, il les paie cher. Donc, pour que la situation soit tout à fait bonne, il faut que le marché de la monnaie et celui des denrées soient tous les deux bien pourvus. Ce que l'on vient de dire des emprunts s'applique aussi aux entreprises de chemins de fer, dont les versemens exigibles ont aggravé les crises de 1847 et 1857. Ce qui manquait alors, ce n'était pas le fer et les denrées, comme on l'a prétendu, c'était le numéraire, car les versemens mensuels devaient se faire non en maisons, en terres, en fer, en coton et autres capitaux, mais bien en monnaie. Or la monnaie était rare, et pour s'en procurer il fallait réaliser à tout prix et subir ainsi des pertes énormes.

Il est donc très désirable, on le voit, que les canaux de la circulation soient largement fournis de cet équivalent universel qui sert d'intermédiaire, ou qu'en d'autres termes l'argent soit abondant sur le *money-market*. Tel est le fait constaté par tous les hommes d'affaires, et en vain nié par une théorie incomplète. C'est ce fait qui avait frappé l'école mercantile et qui l'avait portée à conclure qu'une nation doit attirer et retenir dans la limite de ses frontières le plus de métaux précieux possible. C'était aller au-delà de la vérité, car une fois les besoins de la circulation satisfaits, le numéraire surabondant a pour unique effet d'amener la hausse des prix. À partir de ce moment, les économistes ont raison, toute accumulation nouvelle de métaux précieux est inutile au mouvement des affaires et à la production de la richesse : elle rend tout plus cher sans amener une baisse dans le taux de l'intérêt.

Il faut maintenant résumer en quelques mots les conclusions que l'étude des faits nous impose. Il est utile à toute nation d'être abondamment pourvue de la quantité de numéraire dont elle a besoin pour opérer ses échanges avec sécurité et facilité. Quand il y en a moins, il y a gêne, parce que, faute de véhicules monétaires, le mouvement des échanges est entravé ; quand il y en a plus, le numéraire qui n'est plus absorbé par la circulation fait hausser les prix d'abord, puis est exporté dans les pays où les prix sont restés bas. Toutefois, avant que ce fait se produise, le numéraire agit d'une manière utile, car, cherchant à se placer, il vient s'offrir sur le *money-market* et fait baisser le loyer de l'argent, qui est l'intérêt.[1]

---

1 Si ces conclusions sont exactes, elles peuvent servir à discerner en quelle mesure est vraie la doctrine très répandue et soutenue en Angleterre, surtout par Hume et par M. Attwood, à savoir que l'accroissement de la quantité de numéraire favorise le développement de l'industrie, doctrine combattue par la grande majorité des économistes. Le numéraire encourage l'industrie aussi longtemps qu'il ne dépasse pas les besoins de la circulation, car l'abondance du numéraire facilite les échanges et les prêts, comme le grand nombre des wagons facilite les transports, et elle fait baisser l'intérêt sans faire hausser les prix ; au-delà de ces limites elle fait hausser les prix sans faire baisser l'intérêt. Il semble au premier abord qu'on pourrait combattre cette théorie par l'exemple de la Californie, où l'or est abondant et l'intérêt élevé ; mais en y réfléchissant on voit que cet exemple ne prouve rien. En Californie et en Australie, l'or est plutôt une marchandise qu'un intermédiaire des échanges, et l'abondance de l'or, en tant que marchandise, n'agit pas plus sur l'intérêt que l'abondance du fer ou du plomb. Ce qui fait baisser l'intérêt, c'est la quantité de numéraire s'offrant sur le marché monétaire, non celui qui s'exporte ou se thésaurise, et c'est précisément l'or des pays producteurs du métal qui s'exporte pour payer les importations. Enfin l'intérêt est élevé en Californie et dans toute l'Amérique, parce que les profits y sont considérables dans toutes les branches de la production. Tant qu'avec 100 francs on en pourra gagner annuellement 10 ou 12, jamais on ne les prêtera pour 2 ou 3.

La fuite de l'argent et la hausse de l'escompte.

III

La discussion des effets produits par l'abondance et la rareté du numéraire nous permet d'aborder maintenant l'examen des mesures propres à prévenir les crises ou du moins à en pallier les funestes conséquences. On a vu que, pour qu'une véritable crise éclate dans un pays, il faut la réunion de trois circonstances : d'abord l'emploi du crédit sous toutes ses formes et porté à ce point qu'il réduise extrêmement l'usage de la monnaie métallique ; puis un vaste commerce qui de temps à autre, par un dérangement de la balance, nécessite l'exportation d'une grande quantité de numéraire à prendre sur une circulation qui en possède tout juste le nécessaire ; enfin un marché surchargé d'opérations à terme qui exigent le secours du crédit, et qui, le crédit se refusant ou se contractant, aboutissent à des pertes, à des désastres. Si les crises résultent de la concordance de ces trois circonstances, pour les prévenir il faudra évidemment empêcher que ces causes ne se représentent ; mais comment y parvenir ?

Le premier remède qui s'indique est de conserver une circulation métallique abondante. M. Fullarton, dans son remarquable essai sur le *Règlement de la circulation*, a parfaitement montré comment la France naguère encore échappait aux perturbations monétaires, grâce aux innombrables accumulations d'argent grandes et petites qui existaient chez tous les particuliers, depuis le paysan qui enfouissait ses écus dans un pot de fer jusqu'au banquier qui les conservait dans son coffre-fort. Quand l'exportation enlevait une certaine quantité de numéraire, une partie de ces petits trésors, attirée dans la circulation par une légère hausse d'intérêt, suffisait pour combler le vide, et c'est ainsi qu'on a vu la France, après les maux d'une double invasion, payer un demi-milliard aux puissances alliées en quelques mois, sans qu'on remarquât aucune gêne sensible dans la circulation. Depuis que l'argent ne s'enfouit plus, mais se place en titres d'emprunts publics ou en obligations de chemins de fer, et qu'en même temps la circulation fiduciaire s'élève à 800 ou 900 millions, le *money-market* français est devenu bien plus sensible aux contractions et aux fluctuations produites par le commerce extérieur. Afin de conserver une large circulation métallique, faudrait-il donc renoncer à l'emploi du crédit ou tout au moins à celui du billet de banque ? M. Wolowski fait un calcul

Émile de Laveleye

très simple qui engagerait presque à recommander ce dernier parti, quelque extrême qu'il paraisse. L'emploi de 800 millions en billets, moyenne de l'émission tant en France qu'en Angleterre et aux États-Unis, procure une économie annuelle de 40 millions ; mais si les crises décennales occasionnent une perte d'un demi-milliard, estimation bien inférieure à la réalité, chacun de ces pays perd au moins 10 millions par an par l'usage de la monnaie de papier, bien à tort vantée comme la plus économique de toutes. Certes, si en renonçant au billet on était certain d'échapper aux crises, il ne faudrait pas hésiter à payer les 40 millions de primes que coûterait ce sacrifice fait à une complète sécurité ; mais cela ne suffirait pas, car Hambourg, sans véritable émission de billets, n'a pas échappé aux grandes tourmentes commerciales, et c'est l'emploi de tous les instrumens de crédit, dont le billet de banque est l'un des moins importans,[1] qui tend à réduire la circulation métallique, circonstance essentielle sur laquelle Robert Peel n'avait point assez fixé son attention en 1844. Quoi qu'il en soit, il est toujours certain que, pour rendre les crises moins fréquentes, il faudrait limiter la circulation des billets plutôt que l'étendre, comme le demandent à tort la plupart des publicistes français en ce moment. En Angleterre, où la monnaie métallique ne sert plus qu'au commerce de détail, on reconnaît le danger de la situation en présence d'un mouvement d'exportation et d'importation qui s'élève par an à 9 ou 10 milliards. Les deux écoles économiques qui se partagent l'opinion au sujet de la circulation sont d'accord sur ce point. On sait ce qu'a fait l'école de Mac-Culloch par son représentant au

---

1 En Angleterre, le billet de banque perd chaque année de son importance comme agent d'échange. En 1844, la circulation fiduciaire se montait à environ 30 millions sterling. Aujourd'hui, quoique le mouvement d'affaires ait probablement, doublé, le chiffre des billets ne dépasse guère 26 millions, et l'émission des banques provinciales est réduite à la moitié environ de ce qu'elle était en 1844 et du maximum légal. À mesure que le mécanisme des opérations de banque se perfectionne, on règle davantage les dettes réciproques par de simples transcriptions dans les livres. Depuis que tout récemment la Banque d'Angleterre s'est fait représenter au *clearing-house* de Londres, les centaines de millions qui s'y soldent chaque jour n'exigent plus même l'emploi des *banknotes*. En 1863, on a fait par jour jusqu'à 330 millions d'affaires au *clearing-house* de New-York par de simples annotations dans les écritures. Dans ces deux pays, l'emploi du billet diminue à mesure que le mouvement des échanges devient plus considérable. En présence de ce fait, ne serait-on pas amené à croire que la liberté d'émission ne ferait ni tout le mal que redoutent ses adversaires, ni tout le bien qu'en espèrent ses partisans ?

La fuite de l'argent et la hausse de l'escompte.

pouvoir, Robert Peel, en vue d'assurer à la Banque une forte réserve. Tooke, le chef de l'école adverse, est aussi d'avis que les banques devraient toujours conserver un approvisionnement métallique très considérable. C'est le dernier mot de sa fameuse *Histoire des Prix*. Voici le raisonnement qu'il fait et qu'il appuie sur une étude approfondie de l'histoire du *money-market*. Quand la balance du commerce est dérangée par un excès d'importation, il faut nécessairement envoyer de l'or à l'étranger pour rétablir l'équilibre ; mais, une fois ces expéditions faites et les dettes payées, le change se remet au pair, car il n'y a plus excès de traites sur l'Angleterre : dès lors la cause du drainage métallique cesse, et l'or ne s'écoule plus du pays. Si donc, quand l'écoulement commence, la Banque est en possession d'un puissant encaisse, elle pourra atteindre le moment où l'équilibre se rétablira, sans aucune mesure exceptionnelle et en portant seulement l'escompte au taux de 5 ou 6 pour 100. Si au contraire le commerce doit puiser l'argent dont il a besoin dans un réservoir à moitié rempli au début, il le mettra complètement à sec avant d'avoir pu solder ses dettes envers l'étranger, et la Banque sera obligée d'avoir recours à des mesures d'une rigueur désespérée et funeste pour tous, afin d'échapper au danger d'une suspension. Ainsi donc éviter d'étendre d'une façon artificielle la circulation fiduciaire et conserver dans les caisses des institutions de crédit de larges approvisionnemens métalliques, telle est la première mesure de prudence que conseille l'expérience du passé.

La seconde circonstance qui contribue à déterminer les crises est, avons-nous dit, un dérangement dans la balance du commerce. Ce point demande quelques explications. Pour savoir si l'équilibre existe, il ne suffit pas de consulter le tableau des exportations et des importations, afin de se réjouir quand les premières dépassent les secondes, ou de s'affliger à la vue d'un résultat opposé, comme le ferait un disciple naïf de l'école mercantile. En effet, si l'on relevait par exemple les chiffres, qui concernent l'Angleterre, on se convaincrait qu'elle importe, année moyenne, au-delà d'un milliard de francs en valeur de plus qu'elle n'exporte.[1] Il n'en résulte pourtant pas que la balance lui soit défavorable, car généralement tous ces millions de marchandises représentent simplement

---

1 Voici le tableau du commerce extérieur de l'Angleterre pour les quatre dernières années. Les chiffres en sont réellement instructifs.<br. >

Émile de Laveleye

l'intérêt annuel des immenses capitaux que les Anglais ont placés dans le monde entier et dont ils touchent le revenu sous forme de denrées qu'ils consomment Ces importations sont donc une sorte de tribut que l'univers paie à la nation qui lui a prêté de l'argent pour faire ses chemins de fer, exploiter ses mines ou entretenir ses armées, et l'Angleterre ne doit rien exporter en retour, car elle ne fait que toucher les sommes qui lui sont dues. La seule indication infaillible d'un dérangement de la balance commerciale est le taux du change, et en temps ordinaire les variations du change suffisent pour ramener le commerce international vers un état d'équilibre où les importations balancent les exportations, en exceptant, bien entendu, celles qui ont le caractère d'un tribut ou d'un paiement et qui n'exigent pas de compensation.[1] Toutefois il se présente de temps à autre des cas exceptionnels, où par suite soit d'une disette, soit d'une importation extraordinaire de certaines matières premières à des prix exorbitans, ainsi que nous le voyons en ce moment pour le coton, l'équilibre ne se rétablit pas et où le change reste longtemps contraire malgré des envois continuels de métaux précieux. Dans ces cas, par quel moyen échapper à la crise ? Ici encore tous les hommes compétens s'accordent en Angleterre à reconnaître qu'il n'y a qu'un seul remède : la hausse du taux de l'escompte officiel fixé par la banque régulatrice. Jadis les souverains défendaient l'exportation du numéraire sous peine de mort, et le métal précieux ne s'en écoulait pas moins ; aujourd'hui on a vu que, pour attirer l'or des quatre coins de l'horizon, il suffisait d'élever

Années	Importations	Exportations	Balance en faveur des exportations
1860	210,531,000 liv. st.	164,521,000	46,010,000
1861	217,485,000	159,632,000	57,853,000
1862	226,593,000	167,190,000	59,403,000
1863	248,981,000	196,902,000	52,079,000

1 Cette loi si curieuse a été admirablement exposée par M. Stuart Mill dans les chapitres XXII et XXIII du quatrième livre de ses *Principes d'économie politique*. On la trouvera indiquée aussi dans un opuscule publié chez Guillaumin et intitulé : *Études sur la liberté du commerce international*. Un mot suffit à expliquer cette loi. Un change défavorable résultant d'un excès d'importation stimulera l'exportation, parce que souvent il sera moins onéreux d'envoyer des marchandises que de l'or pour solder la différence.

La fuite de l'argent et la hausse de l'escompte.

l'intérêt de 2 ou 3 pour 100, c'est-à-dire de le payer son prix.

La puissance de ce mécanisme merveilleux, qui agit avec la régularité d'une pompe aspirante, était à peine soupçonnée il y a vingt ans, peut-être parce qu'alors le capital, moins mobile et moins cosmopolite, obéissait moins exactement à l'appel. En 1844, on croyait généralement que la prudence des banques devait surtout se manifester par le règlement de leur circulation fiduciaire. Depuis lors, on a reconnu que celle-ci échappait presque entièrement à leur contrôle, qu'elle se maintenait toujours à peu près dans les mêmes limites, et que son influence sur le *money-market* était tout à fait insignifiante ; mais d'un autre côté l'expérience journalière a montré que l'effet d'une hausse de l'escompte était magique, infaillible. Il est facile d'expliquer ce phénomène, l'un des plus intéressans que présente l'étude du monde commercial, — l'un des plus importans aussi par ses conséquences pratiques. Élever le taux de l'intérêt signifie qu'on est disposé à payer un plus fort loyer pour l'usage du numéraire. Il s'ensuit que l'argent disponible sur les places où relativement il abonde et où il se loue bon marché se précipitera vers le marché où on consent à le payer cher. C'est l'inévitable conséquence de la loi de l'offre et de la demande. Si l'on payait les voitures publiques 5 francs l'heure à Londres, tandis qu'à Paris on ne voudrait donner que 3 francs, il est évident que toutes passeraient la Manche à la condition qu'elles pussent se transporter aussi facilement que les véhicules d'or et d'argent. L'or est aussi mobile que l'eau, et tend, comme cet élément, à se mettre partout de niveau. Il coule avec impétuosité vers les endroits où un vide se produit, et c'est précisément ce vide, ce besoin d'argent, que trahit l'élévation de l'intérêt. Pour faire passer le métal d'un pays dans un autre, il y a mille moyens, et ils deviennent chaque jour plus rapides, plus économiques, à mesure que les relations internationales se resserrent et se multiplient. Indépendamment des opérations de banque qui rendent possibles des transports d'argent ou qui en tiennent lieu, il se fait des achats de fonds publics et de marchandises sur la place où l'escompte s'élève, car cette hausse a pour inévitable conséquence de déprimer d'abord le prix des fonds publics, et ensuite, si elle continue, celui des marchandises. Le reflux rapide de l'or sur le marché de New-York en novembre 1857, après la suspension universelle du mois

Émile de Laveleye

précédent, est un des plus concluans exemples de ce phénomène.

La solidarité des divers marchés monétaires, qu'on s'étonne de voir encore niée en France par des financiers habiles,[1] est depuis longtemps en Angleterre un axiome incontesté dans la région des affaires. Déjà en 1857, lord Overstone, — autrefois M. Loyd, — développait cette vérité dans des lettres adressées au *Times* au sujet de la crise de cette année. « Tandis que toutes les nations civilisées, disait-il, se font concurrence pour la possession du capital, il est impossible qu'un pays en conserve la proportion, dont il a besoin, s'il ne consent pas à en payer le prix sous la forme d'un intérêt élevé. Quand des circonstances spéciales amènent une forte demande de métaux précieux, le peuple qui ne se résigne pas à s'imposer les sacrifices que les autres subissent doit renoncer à conserver une circulation métallique et se préparer au régime du papier-monnaie. Il est désormais impossible que l'un jouisse des avantages de l'argent à bon marché, tandis que les autres sont dans l'embarras et supportent la gêne d'un intérêt élevé. » L'exactitude de ces affirmations est clairement démontrée par l'histoire financière de l'année dernière (1864), où l'on a vu l'escompte s'élever et descendre à peu près du même pas sur tous les marchés monétaires de l'Europe.

La diversité des opinions qui règnent à ce sujet à Paris et à Londres est remarquable. Tandis qu'ici le reproche qu'on adresse sans cesse à la Banque de France est d'élever trop l'escompte, là-bas celui qu'on répète à tout instant contre la Banque d'Angleterre est de ne pas l'élever assez et assez tôt. Toutes les crises anciennes, affirme-t-on, ont été causées ou aggravées par la même faute, qui consiste à ne pas hausser à temps le taux de l'intérêt. Et ce ne sont pas, qu'on veuille bien le remarquer, des théoriciens qui tiennent ce langage, ce sont les organes de la Cité, les représentans

1 Lorsque, dans sa récente brochure sur l'*organisation du crédit*, M. Isaac Pereire veut que l'intérêt reste bas en France, même quand il s'élève sur tous les autres marchés monétaires, n'est-ce pas comme s'il voulait assurer à tout l'empire du froment à 18 francs, tandis qu'à l'étranger on le paierait 25 ou 30 francs ? Et demander comment l'argent pourrait passer de France en Angleterre, n'est-ce pas exiger qu'on explique comment fait l'eau pour remplir le vide qui la sollicite ? Dans les pays où la loi limite à 6 pour 100 le taux de l'intérêt, les banques défendent leur encaisse en repoussant certaines valeurs qu'elles escomptent d'ordinaire, et cela irrite bien plus le commerce qu'une hausse, qui atteint tout le monde et qui ne crée pas deux catégories, les élus et les réprouvés du crédit.

La fuite de l'argent et la hausse de l'escompte.

des intérêts du commerce, le *Times*et l'*Economist*. Pendant toute l'année dernière, ils n'ont cessé de gourmander la Banque sur sa lenteur à hausser l'escompte et sur sa hâte intempestive à l'abaisser. Le premier devoir de la Banque dans les momens difficiles, dit-on là-bas, c'est de maintenir un large approvisionnement métallique. Aussi longtemps que l'encaisse est conservé, la confiance demeure intacte, il n'y a point de crise violente à craindre, car il n'y aura point de ces paniques qui tuent le crédit. Le crédit sera cher, mais les bonnes valeurs trouveront à s'escompter. L'argent s'écoule, il est rare, donc il ne peut pas être loué à bon compte. Tant pis pour ceux qui ne peuvent pas en payer l'usage au prix du jour ! Du moins, s'il y a gêne, il y n'y aura pas de désastres. Et en effet le *money-market* a échappé en 1864 à une tourmente qui semblait imminente.

Ainsi donc l'expérience des cinquante dernières années et celle toute récente de l'année qui vient de s'écouler permettent de formuler avec précision les mesures de prudence à prendre dans le règlement du commerce international. Le change contraire amène-t-il un écoulement prolongé du numéraire, haussez l'escompte, afin que le vide attire le métal de tous les marchés où il est encore abondant. L'or reflue-t-il largement, desserrez l'écrou,*the screw*, comme disent les Anglais ; abaissez l'intérêt, afin que le commerce ait la faculté de puiser dans l'approvisionnement reconquis de quoi opérer ses paiemens. Et ainsi faites marcher sans hésitation la pompe pneumatique du numéraire jusqu'à ce que l'équilibre soit rétabli et le danger passé.

J'arrive maintenant à la troisième et dernière circonstance qui contribue à déterminer les crises, l'excès des engagemens à terme, qui exigent l'intervention d'un large créditât d'un numéraire abondant, et qui aboutissent à des catastrophes quand le numéraire fait défaut et que le crédit se contracte ; mais il semble impossible ici d'imposer des mesures de prudence. Comment en effet entraver par des règlemens restrictifs la liberté des transactions commerciales, ce domaine réservé que respectent même les despotes ? Comment empêcher les particuliers d'acheter des marchandises à terme, de souscrire à dos entreprises nouvelles, de s'engager à des versemens futurs ? L'idée seule d'une prétention semblable paraît absurde, et pourtant on y arrive tout simplement, sans restrictions et sans réglementation, par le même procédé qui permet de maintenir

Émile de Laveleye

l'équilibre dans les échanges internationaux, la hausse de l'escompte. Un exemple récent va le démontrer. En 1863 comme en 1824, 1846 et 1856, on avait vu s'établir en Angleterre un très grand nombre de sociétés ; on en avait lancé à la Bourse de Londres deux cent soixante-trois avec un capital souscrit de 2 milliards 1/2, dont 1 milliard payable en 1864. Il n'y avait pas encore de quoi gêner sensiblement, en temps ordinaire, la circulation d'un pays dont l'épargne actuelle monte, suivant des calculs très bien faits, à environ 130 millions sterling ou plus de 3 milliards par an. L'élan toutefois était donné ; beaucoup d'autres sociétés allaient encore se constituer en 1864, et les appels de fonds, pesant sur un marché déjà gêné par la situation du commerce extérieur, pouvaient provoquer de graves perturbations. La hausse de l'intérêt a écarté le danger en entravant tout essor ultérieur de l'esprit d'entreprise et de spéculation, car les faiseurs de projets savent bien que les souscripteurs, qui abondent quand l'intérêt est à 2 ou 3 pour 100, se tiennent à l'écart quand l'escompte officiel est à 8 ou 9, parce qu'ils trouvent alors facilement un emploi très lucratif de leur argent. Si en 1864 la Banque d'Angleterre avait agi comme en 1825, maintenant l'escompte à bas prix malgré la fuite du numéraire, le change contraire et le développement de l'esprit d'entreprise, il est certain que le monde des affaires aurait eu à traverser de terribles épreuves et à enregistrer de nouvelles catastrophes.

Il est devenu possible, au point où nous a conduit cette étude, de résumer en deux mots toute la théorie des crises monétaires. Elles sont occasionnées par un dérangement dans la balance du commerce international, raréfiant le numéraire sur un marché où le crédit est largement employé et qui se trouve surchargé d'engagemens à terme. Dans l'état actuel de l'humanité, le seul moyen de les prévenir ou d'en diminuer la gravité est la hausse en temps opportun du taux de l'intérêt, qui agit comme une pompe sur le métal précieux qu'elle attire, et comme un frein sur la spéculation qu'elle entrave.

Les lois qui règlent les fluctuations de la circulation, encore mal comprises il y a vingt ans, sont maintenant assez connues pour qu'on puisse presque toujours signaler à l'avance les dangers qui menacent le *money-market*. Pour le prouver, nous citerons en terminant un exemple remarquable de ces utiles prévisions, qui viendra confirmer l'exactitude de la théorie que l'on a exposée. Le 2 janvier 1864, l'organe du commerce anglais l'*Economist* publiait un article où il, indiquait les vicissitudes qu'aurait à subir le marché monétaire pendant l'année qui s'ouvrait, et ses prédictions se sont réalisées à la lettre. Après avoir montré que l'Angleterre importerait pour environ un milliard de coton, il en concluait, que cette importation aurait pour conséquence infaillible un large écoulement de numéraire. Quand l'Europe tirait son coton de l'Amérique avant la guerre civile, elle le payait en marchandises manufacturées de toute nature, que les États-Unis consomment en abondance ; maintenant que c'est l'Inde qui fournit en grande partie l'approvisionnement de cette matière première, il n'en est plus de même. Le *ryot* hindou a peu de besoins, et comme tous les peuples arriérés il thésaurise les métaux précieux. Impossible donc de le payer en produits de l'industrie européenne : il ne reste qu'à lui expédier de l'argent. Ce drainage devait se faire sentir partout ; il élèverait le taux de l'intérêt en France, où l'*act* de 1844 n'agit pas, tout aussi bien qu'en Angleterre, parce que la cherté de l'argent proviendrait de la balance défavorable et non de la législation. L'escompte serait élevé durant toute l'année, mais avec des oscillations qui dépendraient de l'afflux et de l'écoulement intermittens du métal. Il en résulterait une grande gêne peut-être, mais point de véritable crise, parce que le marché n'était pas trop surchargé d'engagemens, grâce aux mesures de précaution prises à temps. — Ainsi parlait l'*Economist*, et il suffit de se rappeler les faits les plus récens, ou de consulter les bulletins de la Bourse de l'an dernier, pour se convaincre que ces prédictions financières se sont réalisées plus exactement encore que celles de la météorologie. Cette contre-épreuve si frappante de la théorie des crises prouve que l'on connaît bien aujourd'hui les causes qui engendrent ces désastreux phénomènes, et il n'est pas besoin d'insister pour montrer toute l'importance de cette découverte récente de la science économique, car on voit aussitôt à quelles pertes, à quelles catastrophes peut échapper l'homme d'affaires qui, connaissant les vrais principes, voudra se livrer à un examen attentif des faits du monde commercial. Il saura prévoir l'approche du gros temps et des momens difficiles mieux même que le marin, qui n'a pour se renseigner que le baromètre et l'état du ciel. Nous avons raconté

Émile de Laveleye

les grandes perturbations monétaires qui périodiquement ont désolé l'Angleterre, les États-Unis, et parfois tout le nord-ouest, de l'Europe. Il serait téméraire peut-être d'espérer que l'avenir en sera complètement préservé, mais il est du moins permis de croire que, si le *money-market* doit encore traverser de mauvais jours et des périodes orageuses, le progrès des connaissances financières saura en atténuer les plus fâcheuses conséquences.

La fuite de l'argent et la hausse de l'escompte.

ISBN : 978-1517305895